水木茂

1922 年出生。
成長於鳥取縣境港市。
太平洋戰爭期間
出征巴布亞新幾內亞的拉包爾市，
遭轟炸爆擊奪走了左手。
復員退役後
一度以繪製說書圖畫的畫家為職，
後來成為漫畫家。
1965 年以作品《電視君》
獲得第 6 屆講談社兒童漫畫獎。
繪有《鬼太郎》《河童三平》
《惡魔君》等眾多代表作。

2015 年 11 月辭世。

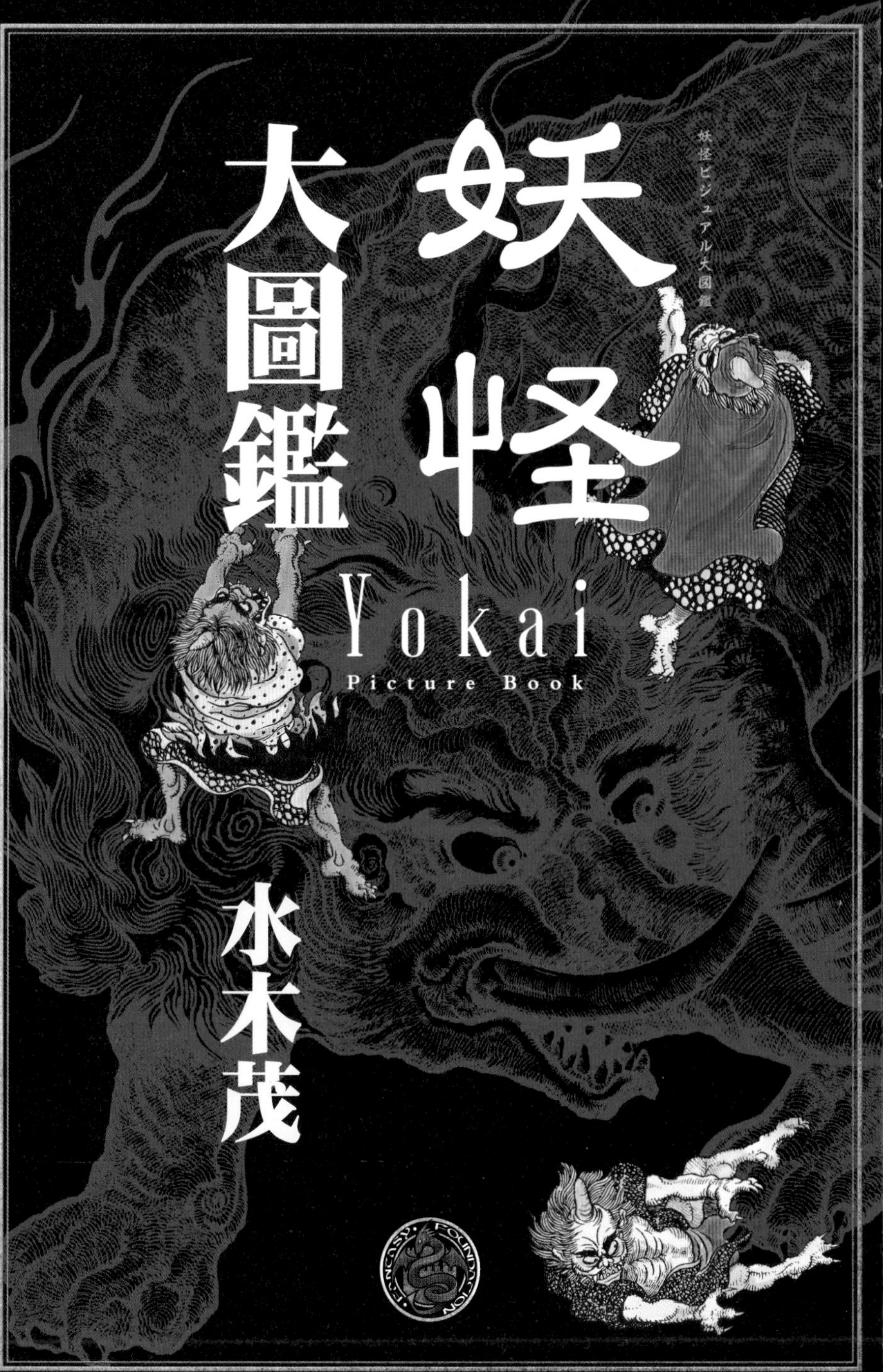

妖怪大圖鑑

妖怪ビジュアル大図鑑

Yokai
Picture Book

水木茂

目錄 contents

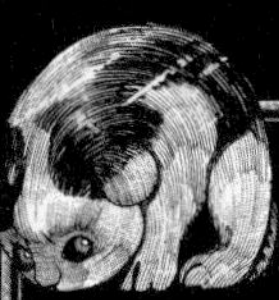
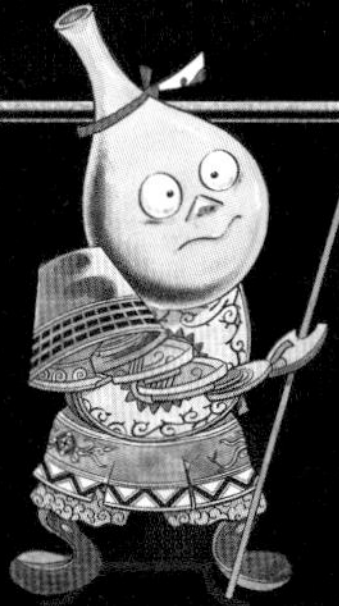
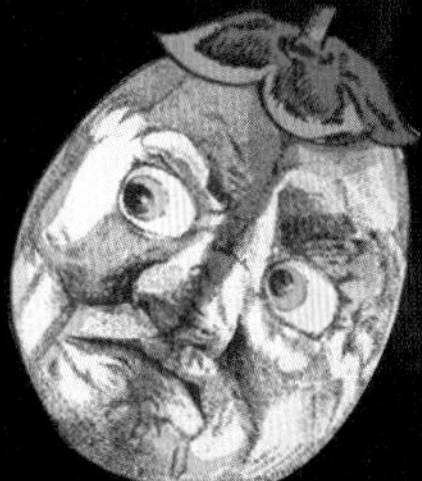
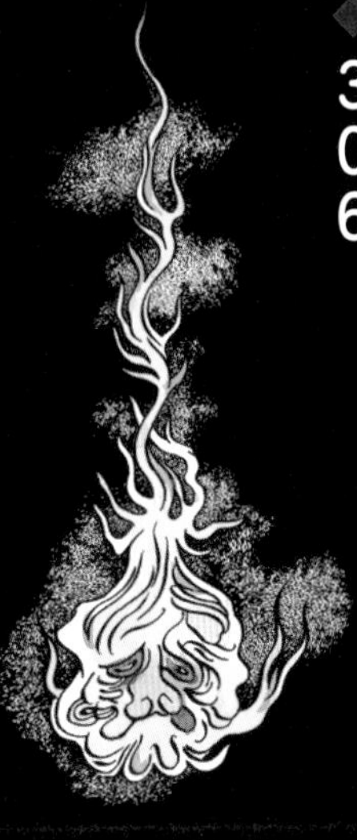
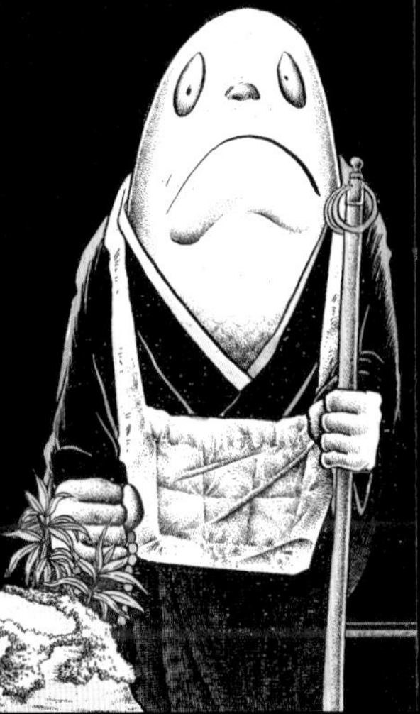

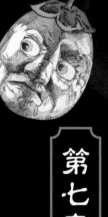

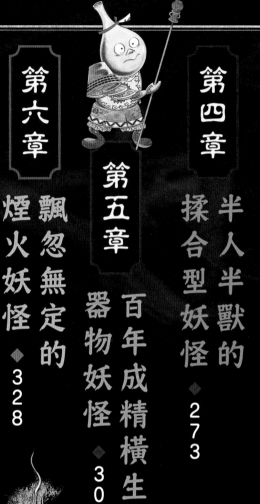

※地名等記載內容，以2018年7月為時間基準點。

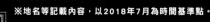

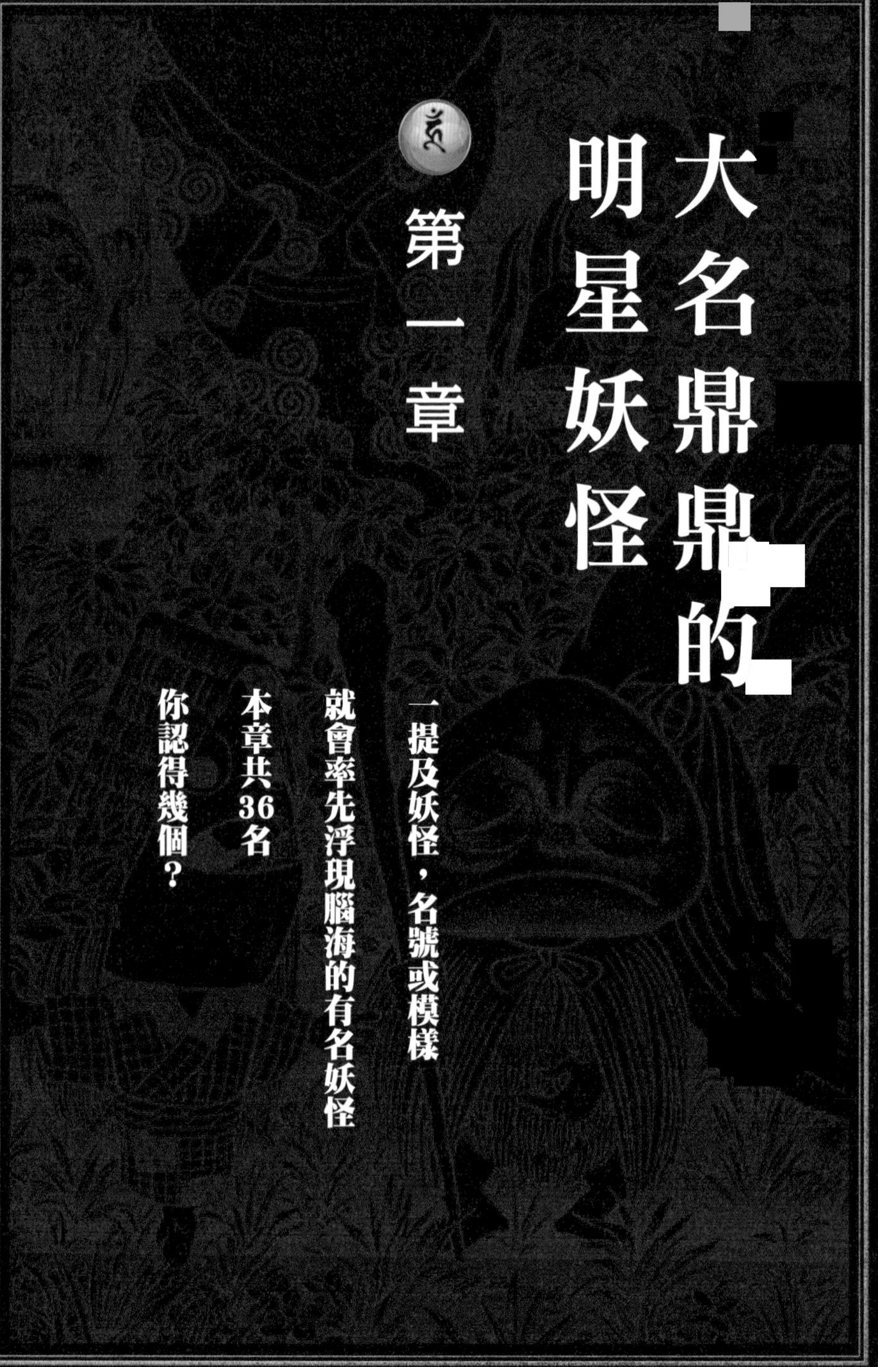

大名鼎鼎的明星妖怪

第一章

一提及妖怪，名號或模樣
就會率先浮現腦海的有名妖怪
本章共36名
你認得幾個？

垢嘗
あかなめ

浴室久沒洗，垢嘗來找你。這隻妖怪最愛大口大口的舔浴槽上的污垢了。雖說他不會襲擊人類，也不會出現在浴室以外的地方，可是知道家裡有這種妖怪在舔自己的污垢，實在讓人很不舒心。浴室還是要隨時保持清潔的好。

壹
ichi

小豆洗
小豆洗い

這是隻幾乎日本全國各地均有流傳的妖怪。出沒在河邊或橋下發出「涮涮」洗紅豆的聲音。聽說有時候小豆洗還會唱歌道「我是洗紅豆好呢，還是吃人好呢」，但是他是否真的會吃人，就不得而知了。小豆洗鮮少現身，某些地方則說這現象其實是貉或蛤蟆在作祟。

油須磨
油すまし

曾經在熊本縣天草地區被人目擊，拄著拐杖提著油瓶的妖怪。從前有個老奶奶帶著孫子走在山路上，對孩子說「從前這一帶有油須磨出沒唷」，不久傳來一聲「現在也有喲」，然後就看見這隻妖怪吵吵吵地撥開長草從樹叢裡現身。

壹
ichi

木棉布
一反もめん

長約一反（約等於10米）的白布飄飄然飛舞在空中。這種妖怪一點都不可怕，甚至有些人看到也只會覺得「哎喲，曬著的衣物飛走了」而已。但其實這個妖怪絕不容輕視，一不小心被他糾住脖子或是悶頭蓋臉，很快就會缺氧斷氣了。據說木棉布大多在傍晚到夜晚這段期間出沒。

海坊主

海坊主

出沒於全國各個海域的妖怪。不同時空對他有各種不同的稱呼，其中共通的是都說他是個通體漆黑的巨大妖怪，至於其他部分嘛，有的地方說他眼睛發光、長有嘴喙，有的地方則說他無眼無口無鼻等，細節部分可謂是五花八門。萬一走霉運遇到海坊主，千萬不可以兩眼直直衝著他看。誰要是指著他喊「那是什麼？」船隻轉眼就會被他給打翻了。

棘髮妖 おとろし

久無人居的空屋往往令人害怕，總覺得裡面有什麼潛伏的氣息。往這種空屋裡面窺視，有時候就會遭遇到一個龐然大物劈頭壓將下來，那便是妖怪棘髮妖。據說他顏面長得像鬼，臉和身體均是通體赤紅。棘髮妖本是護衛神明的妖怪，經常棲息於神社等地，會對惡作劇者施以薄懲，有時卻也不惜殺死對方，相當恐怖。

傘妖
傘化け

從前的傘是用紙張和竹子糊成的，人們相信這種傳統的和傘，時日一久就容易變成妖怪．傘妖。大部分傘妖都是獨眼獨腳，不過似乎也有些傘妖是兩隻眼睛甚至還帶有毛髮。傘妖經常一蹦一蹦地出現在人們面前、吐出長長的舌頭燦然狎笑，看來他們真的很喜歡這樣嚇唬作弄人。傘妖就是這麼一個其實不甚恐怖、反倒讓人覺得親切的妖怪。

餓者髑髏 がしゃどくろ

死於非命、曝屍於野、未得安葬的亡者怨念，經過聚集結合就會變成一種叫作餓者髑髏的骸骨巨妖。餓者髑髏不在晝間活動，入夜後才會發出骨骸碰撞的喀嗤喀嗤聲四處游蕩，見人便追。光就「恐怖」程度來說，可謂是最高等級的妖怪。

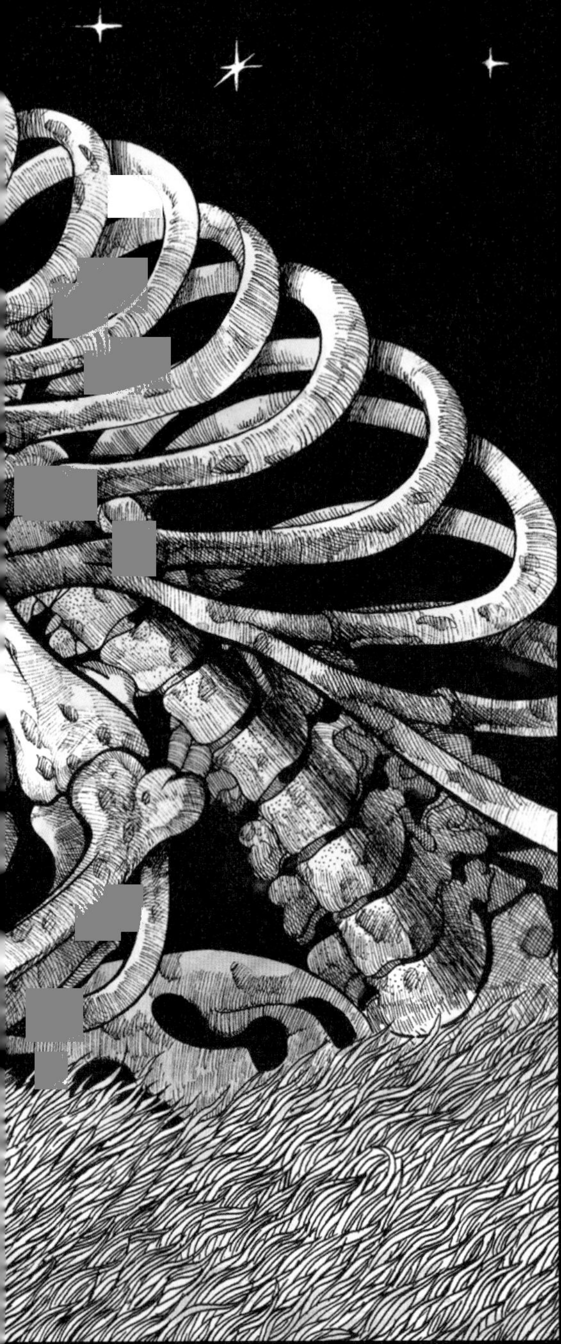

河童

河童

日本水邊妖怪的不二人選，日本全國各地均有河童出沒存在。河童的指間趾間有划水的蹼、泳技極高，最喜歡幹些把馬匹拖進河裡之類的惡作劇。另外河童還有個共通的特徵就是喜歡相撲，有時候甚至還會主動向人類挑戰，只不過有些壞河童會偷摘人類身上的「尻子玉」（旬信位於肛門附近的一顆小球），須得留心注意。

◆235「河童一類」另有介紹。

盤皿小僧
がんぎ小僧

棲息出沒在岸邊、酷愛吃魚的妖怪。牙齒強健銳利，不管什麼魚都可以連同魚頭直接整隻啃下肚。萬一遭遇到這個妖怪，雖說確實是可以拋出事先準備好的魚、趁機逃跑，可是聽見從背後傳來咔咔咔咬碎魚骨的聲響，肯定還是會讓人覺得好像瞬間少了幾年壽命。盤皿小僧長得固然可愛，可還是避而遠之為妙。許多人或許會以為盤皿小僧是河童一類，實則應屬不同種族。

喜如那 キジムナー

喜如那僅見於沖繩，相傳是種榕樹的精靈。其體型約莫嬰兒大小，全身長滿了毛，擅長操縱火焰。喜如那最愛吃魚蟹，卻有個吃魚只吃單眼的極特別習性。那霸市首里附近則有傳說指出，只要在他們出沒的樹下放置山芋，差不多一個禮拜就能跟喜如那成為朋友。

裂口女 口裂け女

路上遇見戴口罩的女性，轉身回頭問道「我漂亮嗎？」取下口罩，竟然是一張嘴角裂開直至耳根的血盆大口……！1979年起裂口女突然出現，日本全國各地陸續傳出目擊證詞，連帶著「唱誦咒語波瑪德三次」、「拿糖果給她吃」等不可思議的應對方法也跟著廣為流傳，蔚為風潮。可是不知道從哪天起，裂口女又像是憑空消失，從此再沒有出現。

倉童子
倉ぼっこ

在日本的東北地方，人們相信許多大宅邸會有妖怪．倉童子棲息在倉庫當中。這倉童子頂多時不時發出點聲響，並不怎麼作惡。即便如此，相傳倉童子一旦離開該戶人家就會有禍事發生，因此相當受到人們重視。據說倉童子無論腳印或聲音都與孩童無異，但其實倉童子鮮少現身，大多都是讓人感覺到他似乎存在而已。

毛羽毛現

毛羽毛現

毛羽毛現經常出沒於日照不佳的中庭等地，但僅限於四下無人的時候，所以很少有人遭遇到這隻妖怪。他最喜歡木造地板下方這種陰濕濕的地方，據說家裡若有毛羽毛現定居，則該戶不是有人會生病，就是無精打采沒有元氣。毛羽毛現雖說並不會直接攻擊人類，卻仍可以說是種頗有危害的妖怪。

哇哇爺

子泣きじじい

身處人跡罕至的深山林中，卻莫名傳來「哇哇哇」的嬰兒啼哭聲。循聲前往營救、把嬰兒抱將起來，這才發現那看似嬰兒的其實竟是妖怪哇哇爺，還用極大的力氣巴著自己不放。慌忙中想要將其甩開，豈料哇哇爺竟變得有五十貫甚至百貫（約375公斤）重，根本動彈不得，直到該人最終喪命方肯鬆手。

克羅婆庫魯 コロポックル

分布於北海道等地的愛奴民族傳說中的妖怪。其名在愛奴語裡是「蕗葉下的小人」的意思，身體極小。北海道的蕗葉大到可以給人拿來當傘撐，而一片蕗葉底下可以同時躲著數名克羅婆庫魯一起行動。克羅婆庫魯生性善良溫和，也不會惡作劇。

座敷童子

座敷童子

倉童子（018）是棲息於倉庫的童妖，相對地座敷童子則是出沒於日式傳統房舍的客廳——座敷，故名。座敷童子在則家道興盛，離則窮困沒落，這點也同樣跟倉童子頗為相似。座敷童子不會做什麼太過火的惡作劇，頂多只是趁人睡覺時把枕頭翻個面或是把人移個位置而已。大人幾乎沒人能看得到座敷童子，孩童倒是經常能看見他。

朱盤
朱の盤

從前從前，傳聞會津的諏訪神宮有個叫作朱盤的可怕妖怪。有個年輕的武者從諏訪神宮前路過、正覺得膽顫心驚，忽然遇到一名武士從後方趕上。年輕武者好不容易鬆了口氣、覺得膽子壯了一點，問武士道：「聽說這附近有厲害的妖怪出沒呢！」武士答道：「你說的妖怪是長這模樣嗎？」定睛一看，滿臉通紅額頂獨角！原來正是赤盤。年輕武者逃回家裡，把這事跟妻子一說，妻子又道：「是這個樣子嗎？」又見妻子顏面變得赤紅、額頭上也多了一支……據說那年輕的武者從此臥病不起，終於沒了性命。

人面犬

人面犬

人面犬是約莫1989年日本改年號為平成的那個時期在中小學生之間爆紅竄起的妖怪。身體無異於普通小型犬，唯獨臉孔是人。有時長得像個忿忿不平的老人臉，有的像中年男性。日本各地又衍生出各種五花八門的人面犬故事，例如奔跑時速高達80公里、能縱地跳躍6公尺高、對人嗆道「別來煩我！」等，不過這股風潮沒能長久，人面犬也終究沒能跳脫奇聞怪談之閾。

撒砂婆婆
砂かけ婆

撒砂婆婆經常潛伏於神社附近的寂靜樹林等地，遇人路過就會朝著對方撒砂。草木間忽見飛砂撲來，任誰都要吃上一驚。欲深入樹林一探其真面目，卻也不行。且不說捉她不到，估計就連撒砂婆婆的影子都看不到。

壹
ichi

釣瓶落
釣瓶落とし

這是種會突然從樹上掉落出現在面前的巨型臉孔妖怪。

從前，京都府的龜岡市有株住著釣瓶落的大橡樹。據說這釣瓶落從樹上掉下來時，會說道「夜間的活兒做完了嗎，要放※釣瓶下井打水嗎，嘎吱嘎吱」，晚上沒人敢從這棵樹下經過。相傳釣瓶落不只會嚇人，還會把人拉到樹上吃掉，非常恐怖。

※釣瓶：綁著繩索放下井裡打水用的桶子。

壹
ichi

天狗 天狗

若說水系妖怪以河童為首，那麼山系妖怪便當以天狗為代表。根據江戶時代中期成書的《天狗經》記載，日本共有48種總數達12萬5500隻的天狗，每座被稱作靈峰的山，幾乎毫無例外全都有祭祀天狗。一般都說天狗長得顏面赤紅、鼻骨高聳，但傳說從前的天狗長得跟鳶鳥一樣，屬於鳥類形體。天狗擁有行使幻術、附身人體等各種神通力。

腐肉怪

ぬっぺふほふ

這是種經常蹣跚徘徊於夜路或荒廢寺院等地的妖怪。腐肉怪全身由大大小小的肉塊組成，而且惡臭難聞，因此不難察覺他在附近出沒。有人說腐肉怪就像是行走的屍體肉塊，會這麼說其實並不意外。他每晚只是一鼓腦的四處行走，既不作怪作歹也不說話。倒有傳聞指出若是有人被他嚇到，腐肉怪卻也會稍稍顯露出若有似無的欣喜模樣。

滑瓢
ぬらりひょん

這個老人模樣的妖怪，總是選在人們準備晚飯等正忙碌的時候忽然出現，然後直接登堂入室，喝茶歇息一派泰然自若。由於其舉動實在太堂而皇之了，人們往往會把他誤以為是哪個家人，沒特別去確認其真正身分。滑瓢就是這麼個極擅長趁隙而入的妖怪。也有人說滑瓢是妖怪的總大將，不過實情如何就不得而知了。

牆妖 ぬりかべ

夜路獨行，眼前忽然碰到一堵牆，再無法前進。此時擋在前面的，正是牆妖。據說拿根棒子往牆底下撈，這堵牆就會消失不見，從上面撈卻並不會消失。遇此狀況若焦急慌張那恰恰正中牆妖下懷，先找個地方坐下稍事休息才是上策。

妖怪草鞋 化け草履

這個妖怪專門出沒在不珍惜鞋子的人家。妖怪草鞋會在夜裡隨著「※喀叻、叩叻、喀叻、叩叻，三個眼睛兩個齒」的聲音出現，有時候甚至還會跳舞。儘管妖怪草鞋不會做什麼壞事，但是家裡有妖怪畢竟使人不安。還是時不時檢查玄關周邊，有沒有髒鞋沒有清理收拾比較好。

※喀叻、叩叻是木屐的撞擊聲，三個眼睛指草鞋用來穿鞋帶的三個洞，兩個齒則是指木屐。

花子
花子さん

花子主要出沒在學校廁所裡面。據說敲敲廁所門問道「花子你在嗎？」，就會有人回答「在～」。除出聲回答以外，有時候花子也會伸出一隻蒼白的手腕，或是化作一個頂著妹妹頭的少女模樣現身。另外有些小學則說花子也曾經出現在體育館。相傳曾經有人在體育館裡面連續叫她的名字44次，就聽到了花子答「有」；也有人曾經問道「誰來陪我玩？」，也聽到了「嗯，要玩什麼呢？」的回答。

獨眼小僧

一つ目小僧

從前江戶時代曾經有個行商拜訪武士家的大宅，當時見到一名約莫十歲的小童跑過來，把原本掛在凹間的畫軸捲起來，然後又放手任由畫軸墜落展開。行商見小童不停地捲畫展畫，說道：「惡作劇也別太超過了。」只見那孩子頂嘴道：「不用你管。」一回過頭來竟是獨眼小僧。據說獨眼小僧每年會出現幾次，每次出現都只有撇下「不用你管」這麼一句話而已。

百目
百目

這是個正如其名，全身上下共有一百個眼睛的噁心妖怪。白天陽光刺眼使得百目無法活動，只有入夜以後才會出沒。百目跟目目連（040）、百百目鬼（125）雖然相似，但我們既不知道他們是否同類，對百目的生態也知之不詳。傳說百目遭遇到人類的時候，其中一顆眼睛會蹦將出來，然後就一直跟著那個人。經常出現於古寺等地。

黏踢踢 べとべとさん

夜路獨行，有時會覺得好像有什麼東西跟在身後。雖說可能只是錯覺而已，但實在鼓不起勇氣回頭去看。像這個時候就可以先暫時避到路邊，說聲「黏踢踢您先請」，那個感覺就會不見了。妖怪黏踢踢喜歡跟在別人身後，卻不會加害於人。有時候按照上述手法讓道先行，黏踢踢還會說「夜黑路暗我沒辦法走前面」，這時只要借他燈光照明即可。

枕返

枕返し

有些人有些時候，起床會發現枕頭竟然跑到了奇怪的地方去，這其實是枕返妖怪在作祟，趁著人們睡覺的時候搬動枕頭。大部分人相信枕返是在同一個房間裡嚥氣的死者亡靈，卻也有些地方相信枕返跟座敷童子（023）同類，都是屬於依附於家屋建物本身的妖怪。從前人似乎相信翻動（搬動）枕頭不吉利，那麼枕返妖怪做的這些事就不僅僅是惡作劇而已了。

目目連
目々連

這是種潛伏於荒廢空屋的妖怪。一旦有人來到這裡，就會看到障子紙門忽然睜開無數隻眼睛。這個妖怪從何而來已經無法確知，不過倒有一說指出目目連出沒的原是圍棋棋士住過的家，這住家長期浸淫在棋士的念力之下，所以才會有眼睛出現在狀似棋盤的障子紙門窗格上。

雪女
雪女

這是種雪夜才會出沒在山裡的女妖。外表看起來雖然不像妖怪，可是穿著單薄的和服來去於連呼氣都要結凍的嚴冬深山，怎麼看怎麼可疑。誰人要是運道低碰到雪女，最好默不作聲直接走開，要是失了注意開口說了話，馬上就會被雪女給吃掉了。

壹
ichi

呼子

呼子

在山裡高聲喊道「呀喝！」，聲音會在山谷間迴響，慢個幾拍才有回聲傳來。從前的人相信，這種現象其實是妖怪所為。山陰地區認為回聲是動物所致，還有許多地方認為這是來自於樹木精靈。深山裡會出聲對人說話的妖怪特別多，所以從前的人相信有呼子這種妖怪存在，也並非那麼的不可思議。

壹
ichi

轆轤首
ろくろ首

這是種脖子能夠不斷伸長的妖怪，會在眾人熟睡的深夜伸長脖子四處尋找獵物。另有一說指轆轤首會吸取男性的精氣。轆轤首的脖子唯有在夜裡才會變長，光天化日之下長相跟一般女性無異，所以很難區別究竟是人是妖，不過也有人說每個轆轤首的脖子都有條紫色的血筋。

輪入道

輪入道

裹著團團火焰的車輪中央有張恐怖的臉孔，這便是尤以凶暴聞名的妖怪輪入道，看過這個妖怪的從來沒人能夠逃得性命。從前有個女性就想看一眼，把門稍稍打開等待，不多時輪入道果然出現，車輪上還掛著許多被他輾斷的人類足肢。由於那光景實在太過恐怖，女子正欲關門，卻見輪入道大叫：「與其看我長什麼模樣，不如看看妳自己的孩子吧。」女子趕忙回頭去看，卻發現孩子已經被無情地輾斷了腳！

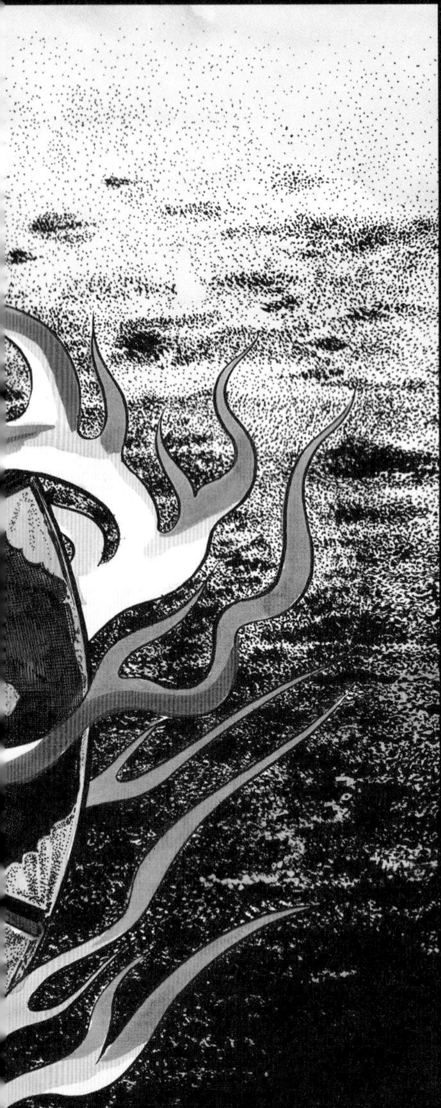

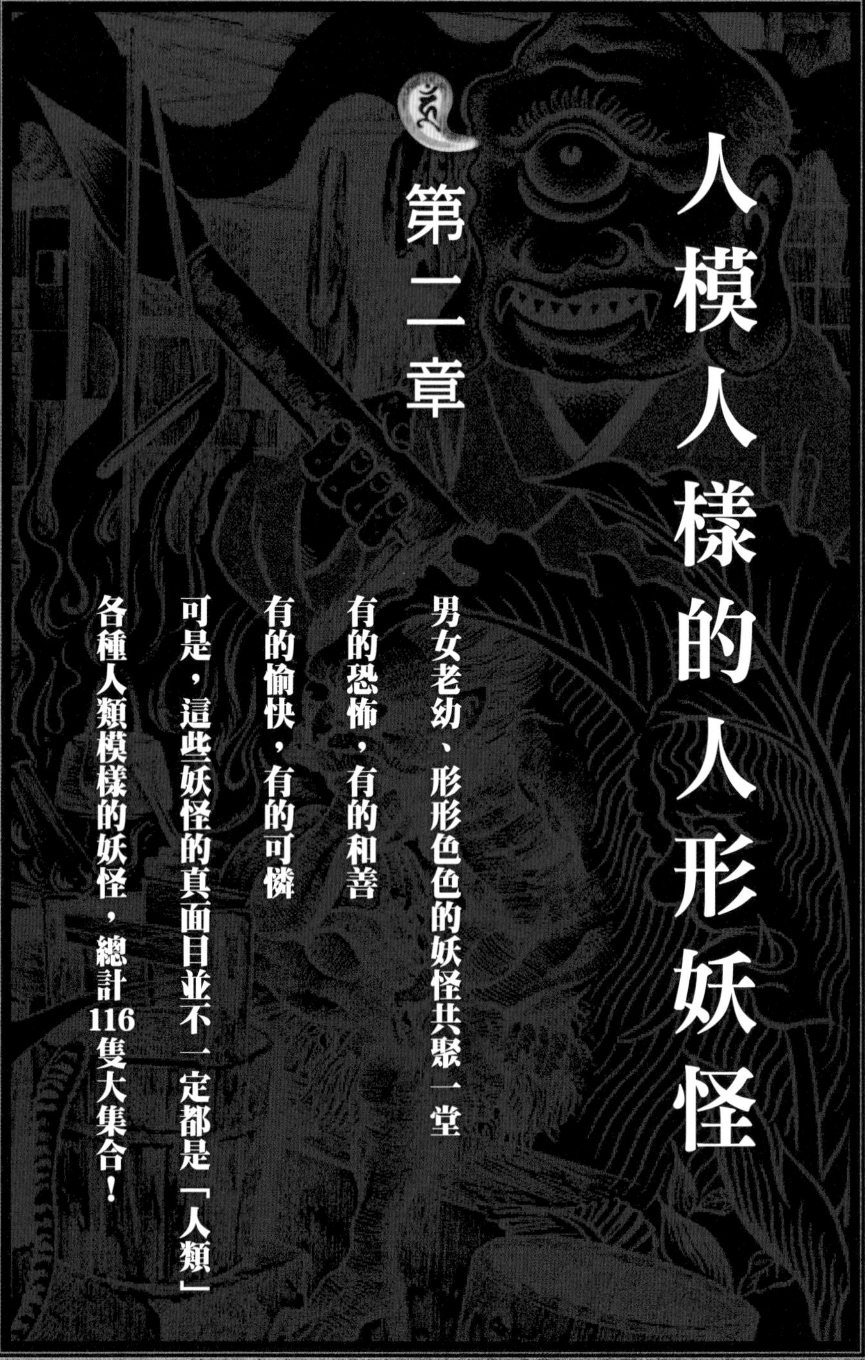

第二章 人模人樣的人形妖怪

男女老幼、形形色色的妖怪共聚一堂
有的恐怖，有的和善
有的愉快，有的可憐
可是，這些妖怪的真面目並不一定都是「人類」
各種人類模樣的妖怪，總計116隻大集合！

青女房

青女房

正如同日語當中「青二丈」意指年輕缺乏經驗的男子，「青女房」指的則是年輕不成熟的妻室，而據說這種妖怪的真面目便是某種類似女性生靈的物事。青女房通常寄身於地位尊貴者從前住過的大宅，又以已遭廢棄荒蕪的無人大門院尤其理想。這青女房其實不怎麼像妖怪，蓬亂的眉毛和染得漆黑的黑色牙齒為其最大特徵。

足長手長

足長手長

「足長人」背著「手長人」，兩者結合便形成了「足長手長」。據說「足長人」腳長九尺（約2.7公尺）而「手長人」的手長也相去不遠，換句話說此二者都是超乎尋常的巨人。足長手長固然長相凶惡，實則性格卻並不怎麼凶暴。二者之所以合體，似乎是為了方便捕魚。旬信每當「足長人」出現，天氣就會丕變。

小豆婆

小豆婆

與小豆洗（006）同類的妖怪。小豆婆會在洗紅豆的時候哼哼唱唱，同樣也跟小豆洗相當類似。不同的是小豆洗對人畜無害，小豆婆卻會致災。琦玉縣的某條河流便傳說有小豆婆出沒吃小孩，山梨縣則相信小豆婆會現身在神社周邊，用偌大的竹篩把路過的人給撈到樹上。

後追小僧

後追い小僧

走在山路上，不知怎地總覺得有人跟著。有時候不只是跟在身後，甚至總覺得有人走在前面、彷彿在給自己帶路似的。這便是不甘寂寞的後追小僧，其實他並不會加害於人，如果受不了這種被跟蹤的感覺，據說可以拿飯糰或糖果等食物放在石頭或樹頭，那個感覺就會消失了。後追小僧雖說也會在夜間出沒，不過仍以日間出沒為多。

油赤子

油赤子

從前有個每晚偷別人家燈油去賣的男子，後來他死後沒能成佛，成了四處飄蕩的迷火。大約就是從那時候起，附近人家開始有個神祕的孩童出沒，多次犯下偷舔路燈燈油的案件。人們議論紛紛，都說那孩子便是偷油賣的男子化成幼兒模樣的再生。

尼入道

尼入道

這個女妖主要在山間道路出沒，把長滿茂密毛髮的粗脖子如同轆轤般伸長探將過來，然後伸出長長的舌頭來舔人。被這舌頭舔到就會昏厥過去，所以一看到尼入道伸脖子，最好立刻溜之大吉。見上入道（154）屬於那種眼看著就愈變愈大的妖怪，而尼入道便可謂是此類妖怪的女版。

降雨小僧
雨降り小僧

這是種能夠操縱雨水的妖怪，東北地方便流傳有以下這則傳說。

從前有隻狐狸對降雨小僧說道：「我想在雨夜嫁女兒，拜託你幫忙下雨吧。」降雨小僧答道：「沒問題。」只見周圍天色馬上暗了下來。又看降雨小僧揮揮手上的燈籠，轉眼就是大雨傾盆，狐狸的送嫁隊伍也就順利地出發了。

糖果屋的幽靈 飴屋の幽霊

從前有個衣衫襤褸的女性顧客來到某個糖果屋，從此每晚都來買糖果。糖果屋店主覺得很是奇怪，某次便尾隨這名女子，豈料女子走到墓場就消失不見了。原來這女子竟是幽靈，糖果是買給她剛生下的嬰兒吃的。店主見孩子可憐便把他帶回撫養，母親幽靈也才知道自己的出現確有助益。糖果屋拜其所賜生意興隆，而那名嬰兒後來據說也成了一名有道高僧。這糖果屋的幽靈亦稱「育兒幽靈」，日本許多地方都有相同的故事流傳。

生靈

いきすだま

活人的靈，就是所謂的「生靈」。有的生靈會以該人的模樣現身，有些生靈則類似於該人發出的意念，並無形體模樣。生靈力量極大，只消稍微有個類似「要是那傢伙病倒就好了」的念頭，就能附身於人招來災禍，其強大可見一斑，絕對不容小覷。

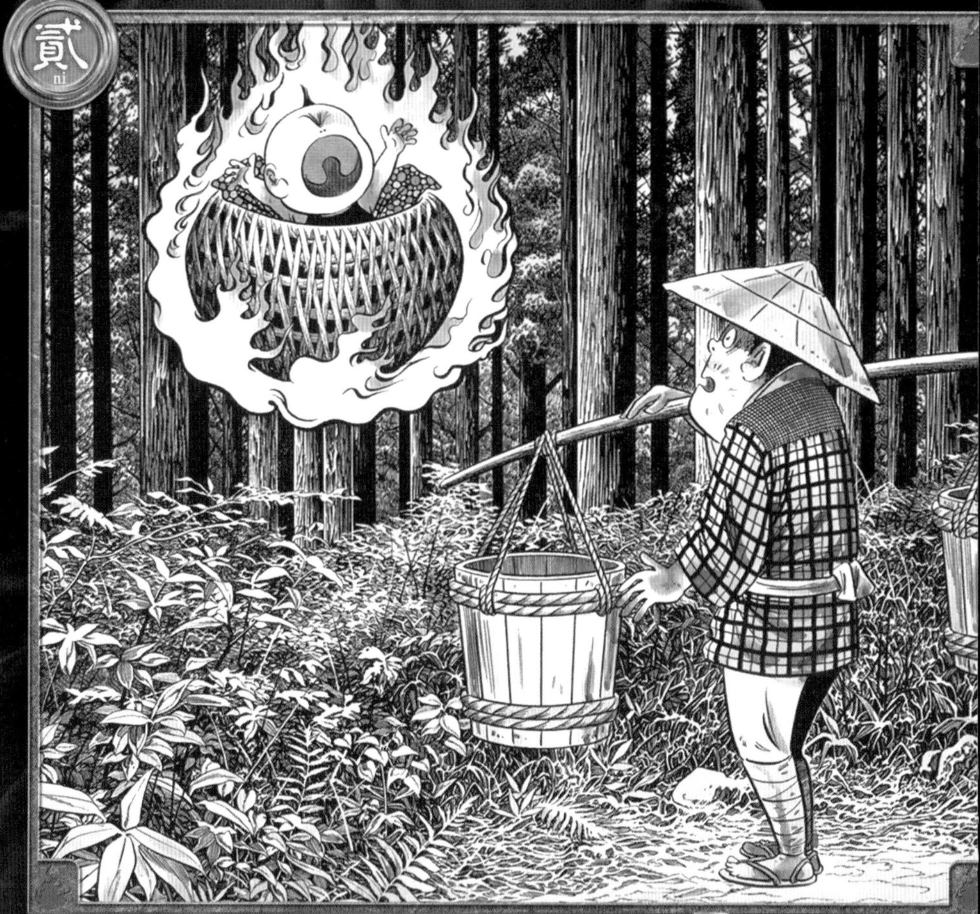

嬰兒籠
イジコ

所謂嬰兒籠就是一種以稻草編製、用來放嬰兒的籠子。這事發生在一個就連大白天的陽光也射不進來的陰暗杉樹林裡。一人路經此地，卻聽見嬰兒哇哇啼哭的聲音。那人一驚，連忙往哭聲傳來的方向看去，竟然看到杉樹旁邊有個熊熊燃燒的嬰兒籠。由於嬰兒籠只會出現在有樹的地方，所以很可能是種跟樹木有某種關連性的妖怪。

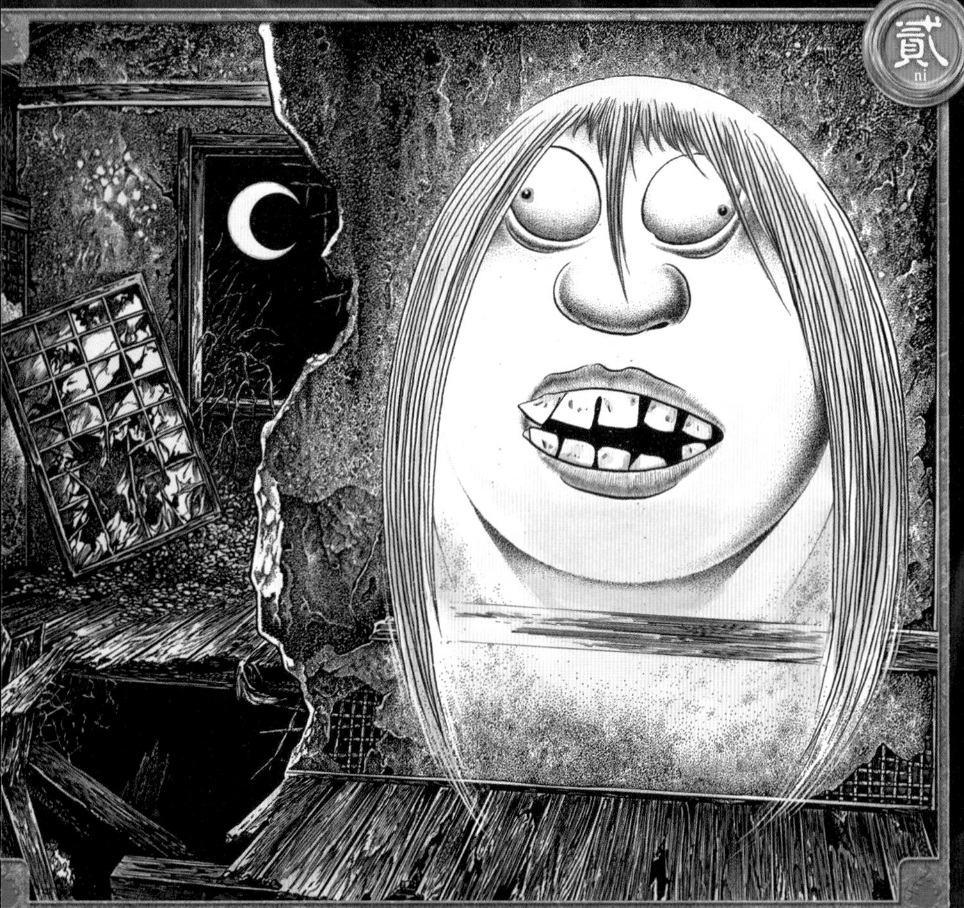

笊籬妖 イジャロコロガシ

這是長野縣一種出沒在老舊廳堂的妖怪。所謂「笊籬」其實就是竹製的簸箕，圓形的簸箕鼓碌碌的滾，滾到面前忽然變成人形，任誰看到都不免會嚇一跳。雖說世間不乏其他如竹籠、水壺等物滾到別人跟前嚇人的妖怪，不過像這種滾過來變成人形的妖怪卻是特別少見。

忙啊忙 いそがし

一旦被這種妖怪附身，就會讓人失去輕鬆的態度，彷彿靜靜待著不動本身就是種罪惡似的，坐立難安。相反地慌慌張張轉個不停，反而會讓他有種莫名的安全感。世人最早發現「忙啊忙」這種妖怪的存在，應是在江戶時代。後來被這個妖怪附身的人一直不停地愈變愈多，直到現在未遭其附身者反倒是少數了。

噁心鬼
いやみ

某個日暮，有個跑腿的少年在回程上遇見了一名年輕的女性。他看著那個女性的背影，總覺得很像他久未見面的姐姐。愈這麼想就愈加無法壓抑，終於出聲去喊，那名女子也應聲回過頭來。少年一看，那長相先不說跟自己姐姐長得像不像，他根本就不是個女的，而是個表情猥瑣的大叔。少年吃驚不小，一下子哭了出來。這就是個讓人噁心的妖怪。

因緣 インネン

長崎縣五島群島當中的福江島，當地將所有能夠附身於人、招災致病帶來不幸的靈（生靈、亡靈、動物靈、河童等），統稱為因緣。當地由人稱「法人」的薩滿（祈禱師）專門負責與因緣對話，聽取精靈開出來的要求條件，趨吉避凶排除災禍。因緣所致災厄雖各有不同，不過據說其起因無一不是為了提醒活人要去供養死者。

後神

後神

夜間行路時總覺得有人從身後扯著自己的頭髮，這便是後神出沒的徵象。接著後神還會用冰冷的手輕輕撫摸別人的脖頸，或是把頭髮弄得鬆散蓬亂。回頭去看，卻是什麼也沒有。雖說後神也不會做什麼比這些更過分的惡作劇，大部分人還是會被他嚇得腿發軟。

海座頭
海座頭

這是與海坊主（009）同類的妖怪。海座頭眼盲不能視物，會拿著手杖一面探路一面行走於海面。倘若只是如此倒也無害，慘的是海座頭會招手誤導船隻使其遇難或直接將整艘船吞噬，簡直肆無忌憚，可以說是個非常危險而且麻煩的妖怪。一般認為海坊主是海裡淹死的盲人怨靈，實際如何卻是無從確知。

嗚哇 うわん

平時潛伏躲在古老宅院中，夜裡見人路過便突然「嗚哇！」大叫。這種妖怪只會叫這麼一聲，也不會說什麼別的，但這真的非常恐怖，是會讓人嚇破膽的妖怪。倘若他能夠好好說話，倒不無可能是個人形模樣的妖怪，實際上人們對他的真面目卻是一無所知。

覆掛 おいがかり

不少妖怪會在夜路上跟蹤尾隨人類，不過撲上前去把人包覆的類型倒是罕見。有些妖怪會用棉被或包袱巾掩蓋口鼻使人窒息，覆掛卻似乎並非那麼有害的妖怪。只要能把人嚇到腿發軟，覆掛就滿意了。

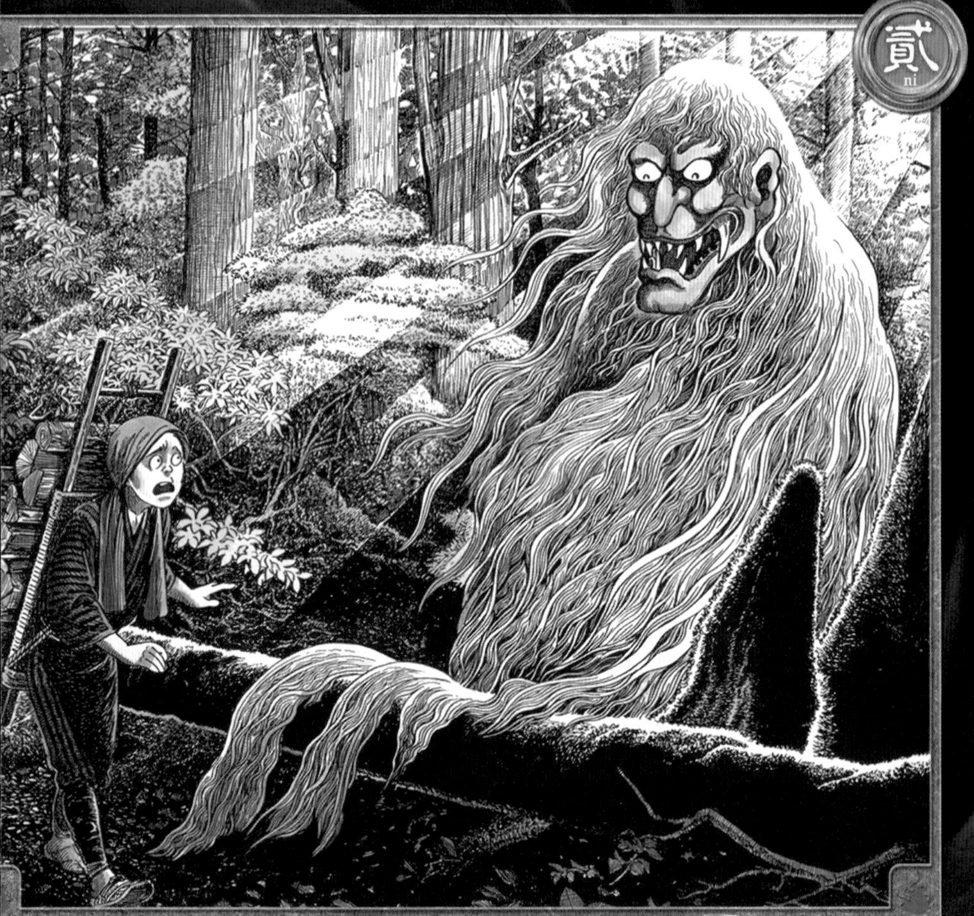

苧鬼
苧うに

一頭粗大的捲髮乃是苧鬼的最大特徵。所謂「苧」指的是以麻或苧麻等植物製成的繩線，而苧鬼看起來確實就像是整頭的苧麻繩。

新潟縣西部地區流傳著這麼則傳說：從前有群女性正在採摘苧麻時，忽然有一個山姥妖怪現身說要幫忙。不多時，眾人發現山姥採收技術純熟非常，轉眼摘滿了一整桶的苧麻，然後就消失不見了。人們相信，苧鬼其實就是山姥的其中一種。

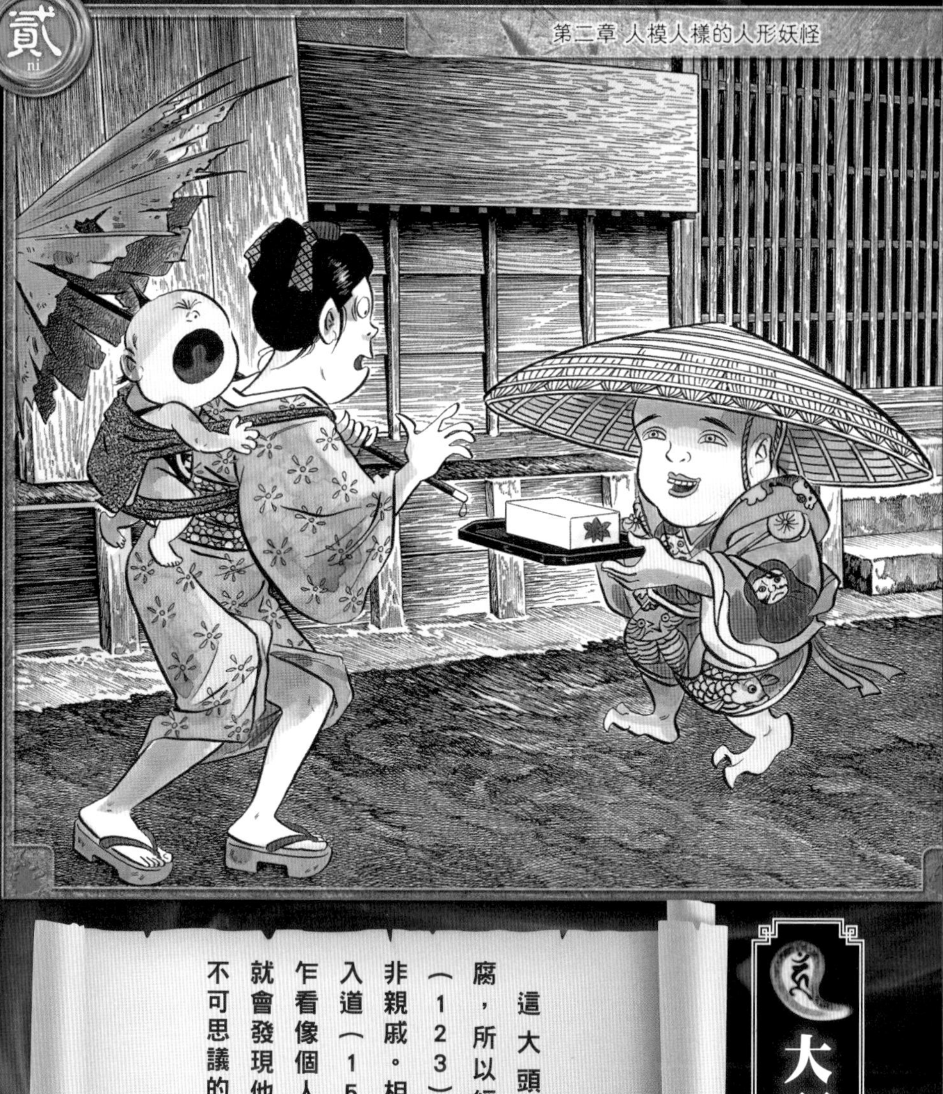

大頭小僧

大頭小僧

這大頭小僧手上拿著塊豆腐，所以經常被誤認為豆腐小僧（123），其實兩者既非兄弟亦非親戚。相傳大頭小僧其實是見上入道（154）的孫子。大頭小僧乍看像個人類的孩童，可仔細一看就會發現他腳上長著獸蹄或者其他不可思議的特徵。

大首
大首

塗得漆黑的齒黑令人不寒而慄的披頭散髮巨大首級。既然塗了齒黑，料想該是名女妖才是。相傳從前有名女性到山上採蕨，不知從何處冒出了一個約莫3公尺大的大首，俯視著那名人類女子只是瞇瞇的笑，那名女子嚇得魂都飛了，逃回家去從此再也不敢靠近山裡。江戶時代的小說經常都會寫到大首，可見當時大首乃是恐怖的象徵。

大入道

大入道

大入道其實是各種人形巨型妖怪的統稱。日本各地均有大入道的故事流傳，各個傳說當中的大入道大小不一，最小的大約2公尺，大的竟可以把整座山給環抱起來。現在的愛知縣豐橋市一帶，從前江戶時代就有人曾經目擊大約4公尺大小的大入道，像這個還算是比較小型的。滋賀縣伊吹山出沒的大入道就很巨大了，人們甚至會把他的腳步誤認為地震。

大坊主

大坊主

與大入道（069）類似的巨大妖怪。從前有個野武士為剷除大坊主而踏上征途，還受到歇腳茶屋的老闆鼓舞激勵，正是得意洋洋意氣風發。待大坊主隨著怪風出現，大坊主或許是見年輕武士心志堅定不為所動，不久便打退堂鼓離去消失了。武士回程再次路經茶屋，老闆問道：「那大坊主，大概有這麼大嗎？」話音未落就變成了直抵雲霄的巨人。原來野武士竟然是被大坊主給消遣了。

長壁

長壁

這是個棲身於兵庫縣姬路城的妖怪，藏匿在城堡最頂端的天守閣。據說長壁最討厭人類，只有城主才能一年跟他見一次面，屆時長壁會化成老婆婆的模樣現身。天守閣空間狹小又不利於收納置物，其實鮮少有人涉足，對長壁而言應是個相當理想的住處。

貳 ni

白粉婆

白粉婆

白粉婆頭戴巨大斗笠身穿白衣，一手拄杖一手小心翼翼地拎著德利酒瓶。伴著沙沙沙的細微腳步聲，緩緩地走在積雪的整片銀白世界當中。白粉婆雖然年老，面容卻是驚人的白皙。原來，傳說白粉婆其實是女神脂粉仙娘的侍女。

鬼
鬼

頭生二角、體格壯碩、腰纏虎皮兜襠的彪形大漢。一般人想像中的鬼，其形象其實來自於晚近的江戶時代。更早的平安時代相信，鬼是種致災致病的邪惡存在，並不輕易現出真面目；有些鬼雖然會現身，卻是變身成木板或陶壺，再不然就是變身成年輕男子等各種模樣，似乎並沒有一個固定的形象。

貳
ni

齒黑女

お歯黒べったり

古時候女性結婚時會把牙齒染黑，此即所謂齒黑。現代審美觀並不覺得美麗，但這在明治時代以前卻是一種化粧。妖怪齒黑女通常身穿和服禮服或嫁衣，現身在日暮時分的佛寺神社。一旦出聲搭訕，帶著期盼好不容易等到她轉過身來，那臉上竟然沒有眼睛鼻子，只有一張牙齒塗成黑色的嘴巴衝著自己笑。

貳 ni

海難法師

海難法師

伊豆七島相信妖怪海難法師會在每年的1月24日出現，因此都說當天最好早早收工，晚上就待在家裡不要外出。所謂海難法師，其實就是因為諸多事件意外而溺死海中的死者亡靈。誰要是在當晚見到亡靈，必遭不幸。

隱婆

隠れ婆

隱婆是擄小孩的妖怪。隱婆正如其名，會隱藏在巷弄裡等待小孩經過。兵庫縣神戶市一帶傳說，隱婆會趁小孩玩躲貓貓的時候把孩子帶走，是以用隱婆嚇唬貪玩的孩子特別有效。當然除了隱婆以外，也另有許多擄小孩的妖怪故事流傳。

火前坊
火前坊

這個妖怪出沒在京都府的鳥部山。此地在平安時代本是安葬皇族要人的墓園，不少僧人為求往生極樂而執行所謂的「火定三昧」，即引火自焚、往赴他界。這本是個神聖的場所，久而久之卻漸漸變成了亂葬崗。火前坊就是出現在此地的妖怪，料想應是行使「火定三昧」卻對人世仍有留戀的僧靈所化。

禿切小僧
かぶきり小僧

這是個穿著和服、頂著瓜皮髮型的孩子，在山路上對過路的行人說道「喝水啦，喝茶啦」，有時候也會下山來和其他孩子玩在一起。禿切小僧會用衣服遮著臉，硬把衣服拉開就會看見一隻毛茸茸的手臂，根本就不像人類。據說禿切小僧乃是貉（主要是指獾）所化。

龜姬

亀姫

這是從前出沒在福島縣豬苗代城的妖怪。從前江戶時代，有個奇怪的孩子跑來大喊：「城主怎麼還沒跟龜姬大人請安？」當時擔任代理城主的城代斥其無禮，那孩子又說：「連姬路城的長壁姬（071）和豬苗代的龜姬都不知道，城主命不長久矣。」然後就消失不見了。後來城主固然是沒死，也不知道是不是以命代償，不久那個城代就暴斃了。龜姬是個能夠預言未來的妖怪。

貳

ni

川赤子

川赤子

這川赤子會出現在沼澤或池塘，然後哇哇哇大聲啼哭。人們以為莫不是幼兒溺水、連忙趕去搭救，去到那裡哭聲卻又轉到相反方向去。此時若能及早明白這是川赤子作祟那便也罷，大多數人卻是被騙得東奔西跑、疲於奔命，最後不慎失足落水弄得渾身濕答答。至於川赤子的真面目如何，沒人知道。

川男
川男

這是種棲息在河邊的妖怪，形體模樣跟人類相當接近，唯獨皮膚黝黑、長得特別高是川男的少數特徵，可是人類當中擁有同樣特徵的人卻也不少。川男表情柔和，性格也很穩重，通常都是兩個川男並肩坐著，說著故事打發時間。川男大部分都是在夜間活動。

貳 ni

川猿

川猿

川猿是種出沒在靜岡縣的騙人妖怪。他們渾身都是魚腥味，又很會打架；空手與其搏鬥，且不說皮肉小傷，身負重傷亦是所在多有。有人猜測川猿的真實身分其實是河童，可是他的頭上卻沒有盤子。川猿嗜酒這點跟水獺倒是類似，但據說其性格跟猿猴比較接近。他雖然是個相當麻煩的妖怪，但據說川猿會記住誰曾經幫助過自己，並不輕易忘記。

川姫

川姫

盜取男性精氣的美女妖怪。往往會出現在水車場等眾人聚集處，然後獨自一人佇立原地。這麼一個少見的美女，當然格外顯眼，無論老少已婚單身，沒人不想找她搭話，川姬就趁機將精氣給盜走了。是故，此時只能眼睛盯住地面極力避免視線接觸，摒住聲響呼吸別被川姬發現、如此撐過去，除此以外別無他法。

貳
ni

加牟波理入道

加牟波理入道

加牟波理入道是個以廁所之神為人所知的妖怪。相傳除夕夜在廁所唱誦咒語「加牟波理入道不如歸」，接下來的一年就不會在廁所遇到妖怪。如今家家戶戶都換成了沖水馬桶，不再讓人覺得膽寒可怕，但從前的廁所可是糞坑汲取式、只用兩塊木板架著而已，而且還是設在屋外。半夜起床上廁所，可是要鼓足勇氣的。

鬼女

鬼女

從前長野縣有個迷途的旅行者，他好不容易在山裡找到一戶人家願意借宿。那家住著一名年約50的女性，圍爐裡的大鍋不時飄來陣陣誘人的香味，誘得旅行者開口拜託：「可不可以分一點給我吃？」對方卻說：「這不是人類吃的東西。」定睛一看，對方竟有張嘴角直裂到耳根的血盆大口，原來正是鬼女。再往鍋裡看去，全是人類的手和腳！旅行者趕忙落荒而逃，頭也不敢回。

狂骨

狂骨

所謂狂骨，就是死在井底的亡靈依附於骨骸形成的妖怪，至於是遭人推落井底溺死抑或是殺死以後才推進井中棄屍，那就不得而知了。無論是溺死井中抑或死後棄屍井底，死者總是懷抱著極大的忿恨怨念，亡靈無法成佛只能徘徊流浪在人世與陰冥幽暗界之間，成為寄附於該地的地縛靈。接著靈就會附身於井底殘骨、終於變成妖怪。遭狂骨附身者，會因而對他人產生極強大的恨意。

生垣搖
クネユスリ

所謂「生垣」（クネ）是秋田地區的方言，其實就是樹籬。而所謂生垣搖，便是種會故意搖動樹籬來惡作劇的妖怪。現代圍牆多是鋼筋水泥結構，但從前到處都是種一整排樹木當作圍籬，可以說很有生垣搖的用武之地。露出半張臉正在偷窺的則是小豆洗（006），據說兩者不時會結伴出沒。

貳 ni

囓首怪
首かじり

拒絕分享食物給饑腸轆轆的老人家抑或是旅行者，總之無論什麼理由間接導致他人餓死，就會被這種妖怪纏身。而餓死者的亡靈，就會變成妖怪囓首怪。哪個人生前把別人餓死了，囓首怪就會去到那人墓地、將其首級挖出，大口大口啃咬囓食作為報復。

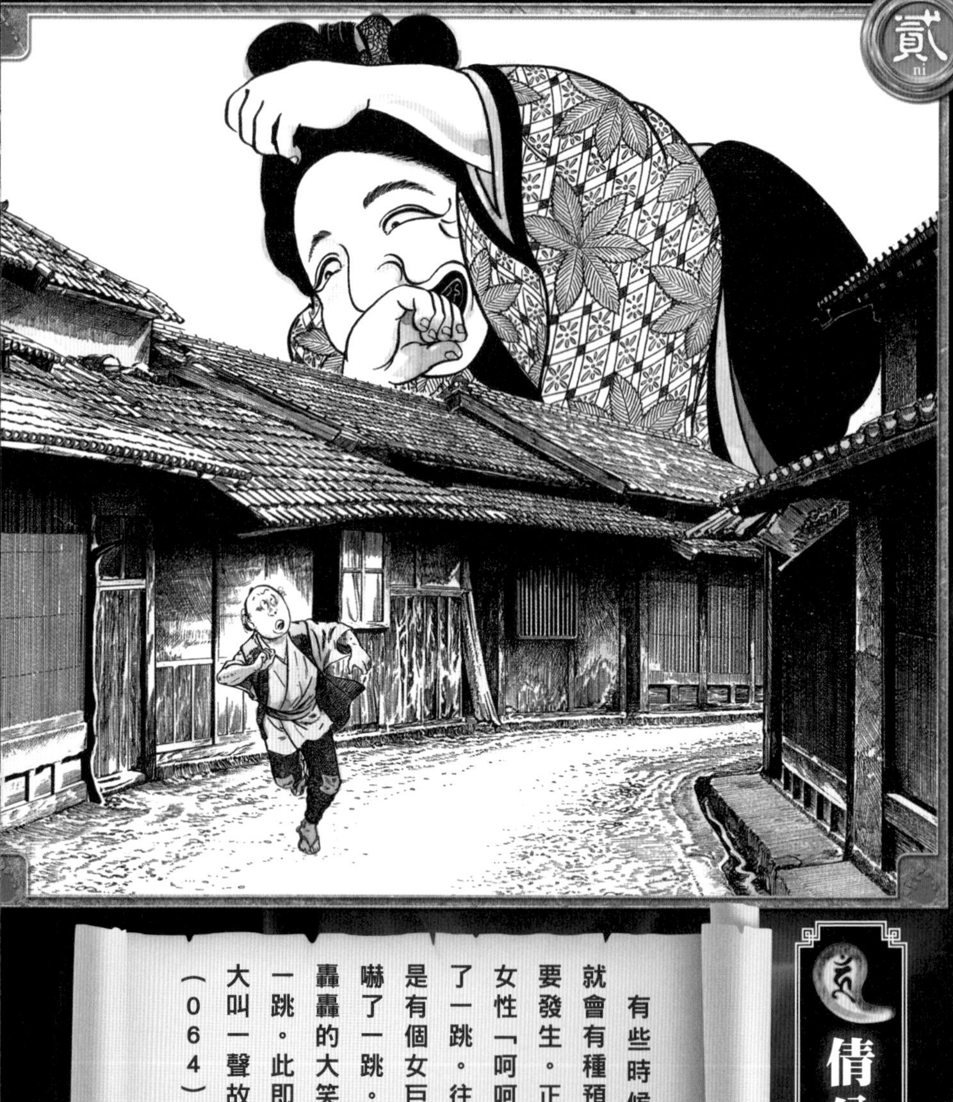

倩兮女
倩兮女

有些時候只是走在路上，莫名就會有種預感覺得好像有什麼事情要發生。正在提心吊膽間，便聽見女性「呵呵呵」的笑聲，已經先嚇了一跳。往笑聲的方向看去，這不是有個女巨人正衝著自己笑嗎，又嚇了一跳。趕緊拔腿就跑，便聽見轟轟的大笑聲，已經是第三次嚇了一跳。此即妖怪倩兮女。她跟忽然大叫一聲故意嚇人的「嗚哇」妖怪（064）該算是同類。

古庫裏婆

古庫裏婆

從前某個深山寺廟裡有個可怕的老太婆妖怪。所謂「庫裏」就是指除本堂以外、用於起居就寢的居住區塊，而這妖怪就棲身在這庫裏，偷取施主的布施供物。若僅止於此倒也無傷大雅，最討厭的是古庫裏婆還會把剛下葬的屍體挖出來吃，把屍體頭髮拔下來織成衣服。古庫裏婆罪孽深重，遲遲無法成佛。

貳 ni

小雨坊

小雨坊

從前江戶時代有個旅行者在下雨天行經山間時，遭遇到一名僧人跟自己討要粟米，旅行者身上恰巧帶著粟米，於是便決定分一些給僧人。旅行者問道：「你看起來像個僧人，請問你是？」那男子答道：「我是小雨坊，專向雨天走在山路上的人索要粟米。」據說這事常常發生，所以當時的旅行者都會事先準備粟米。至於小雨坊討要粟米不給會怎樣，那就不知道了。

五體面

五体面

五體面是個長相奇異的妖怪。巨大的頭顱卻也兼是胴體，直接連接著四肢手足，奇怪模樣往往讓人忍俊不住噴笑出來，而五體面本身竟也是個以逗人笑為自身使命的奇怪妖怪。這妖怪經常出現在諸侯大宅的座敷客廳，可是座敷裡坐著的通常都是身分高貴、自尊心又高的大人物，就算看見五體面也不會笑。這時五體面就會憤而大鬧諸侯大宅，直到鬧累了才會倒頭睡著，是個相當麻煩棘手的妖怪。

小坊主

小坊主

日出上山工作、日暮下山回家，回到家門前卻覺得家裡好像有人。內中陰暗不易辨識，但好像有四、五個剪著幼童髮型的小孩圍坐在圍爐裡、伸著手正在取暖。走進家門正欲一探究竟，那小孩竟嗖嗖嗖鑽進地板底下消失不見了。這小坊主不會害人，也不是所有人都能看得見他們，是跟東北地方的座敷童子（023）比較類似的妖怪。

逆女

逆女

頭下腳上被丟進海裡或井裡溺死的女性，會以斷氣當時的模樣（也就是頭下腳上的狀態）變成亡靈出沒，此即逆女。逆女大部分都是夜裡出現在沒人的地方，不過有時候卻也會出現在家中或庭院裡。據說某個人家曾有逆女忽然出現在廁所，把看到的人都給嚇暈了，另一戶則是逆女出現在緣側簷廊，把大人小孩都給嚇壞了。儘管她確實心懷怨恨，不可思議的是逆女卻只是嚇人而已，並不會有其他暴行。

貳
ni

三吉鬼

三吉鬼

這是個在秋田縣頗具知名度的妖怪。從前有個可疑的男子來到飲酒的店家，酒足飯飽以後也沒付錢就不見了。店主人正覺得忿恨懊悔呢，誰知道隔天店門口竟擺著不知道是誰搬來的價值十倍於酒錢的薪柴。此事很快就傳揚開來，其他地方也有類似的男子飲酒，隔日也必定有薪柴送上門。那男子後來被稱作三吉鬼，很受眾人歡迎喜愛。

山精
山精

山精經常會去拜訪住在深山裡的獵人和樵夫，有時只是往小木屋裡窺視，有時或是伸手進屋、或是直接偷進屋裡，來跟人討要鹽巴。鹽巴對人類來說是不可或缺的必須品，對妖怪亦然。鹽巴在從前可是貴重物品，送鹽固然是千百個不願意，不過激怒山精那也不容易收拾，只好牙一咬把鹽巴送出，山精就會高高興興的回去了。也不知道算是回禮還是怎地，據說山精隔天就會搬來山雞、河蟹等許多山產，放在門口。

貳 ni

長舌婆

舌長婆

從前有兩個旅行者向一個老婆婆借宿，入夜後一人很快就睡著了，另一個卻還醒著。不久時忽然有條長達1公尺的舌頭出現，上下舔著那個已入睡男子的臉，原來那名老婆婆正是長舌婆。光是這樣已經很嚇人了，此時卻又有一個赤紅色的大僧人說道「我來幫手」闖了進來，赫然竟是朱盤（024）。男子揮劍一砍，朱盤便即消失不見了，可還是被長舌婆挾著剛剛睡著的那名男子逃走了。再一轉眼就連房屋也化為雲煙，徒剩周圍整片的開闊原野……

貳 ni

芝惡鬼 しばかき

這是種會在夜間朝道路投擲石塊的妖怪。所謂「芝」乃是泛指植物，妖怪會從長著野草的空地發出「喀喀」聲丟石頭過來，據推測這便是其名的由來，不過實際如何卻不得確知。在路旁丟石頭的妖怪其實出人意料的多，日本各地均有類似妖怪存在，像撒砂婆婆（027）等妖怪便可以算是同類。

蛇骨婆

蛇骨婆

日本全國許多地方都有祭祀拜蛇的「蛇塚」，據說其中有個蛇塚裡面封印著一隻名叫蛇五衛門的怪蛇。蛇骨婆是蛇五衛門之妻，經常以右手握赤蛇、左手握青蛇的模樣現身。她會守著蛇塚不讓閒人靠近，至於這座蛇塚到底在哪卻是沒人知道。

屁眼
尻目

這是個曾經現身在京都的奇特妖怪。從前有個武士晚間走在路上，被一個男子給喊住了。武士邊喊「誰！」邊擺出架勢，卻看見那名男子把衣服脫得精光、光溜溜的還把屁股對著自己。再仔細一看，那屁股不但有個好大的眼睛，還炯炯發出光芒！英勇如武士，卻也是落荒而逃。原來這便是屁眼妖怪，這妖怪臉上沒有眼睛口鼻，跟無臉怪算是同類。這妖怪只是露屁股嚇人而已，並不會幹其他壞事。

水精翁

水精の翁

人在夜裡熟睡時，可能會遭遇到被小型生物把自己的臉舔了個遍的怪事。從前有個武士負責把守庭院裡的池塘，半夜忽覺臉上有個冰冰涼涼的東西，伸手一捉、點起燈仔細一看，竟是個穿著武士正裝的小小老翁。那小老翁要求道：「請取木盆裝水。」武士依其言而行，結果小老翁只撇下：「吾乃水之精靈。」一句話便縱身跳進木盆，消失不見了。

鱉幽靈

すっぽんの幽霊

從前江戶時代有三個愛吃鱉肉的男子，每次吃鱉肉都要喝酒。某日他們照常去買鱉，卻覺得店主人的臉愈看愈像鱉。一個吃驚再往底下一看，竟發現店主的腳莫名的長，簡直跟幽靈沒有兩樣。三人趕忙逃回家中、躲進壁櫥裡顫顫發抖。原來他們吃了太多鱉，所以才會被鱉幽靈糾纏。

平臉妖
ずんべら坊

從前有個很會唱歌的男子名叫興兵衛。某天夕陽時分，興兵衛正愉快地唱著歌走在山路上，卻莫名聽見遠方傳來相同的曲調，而且歌聲更加美妙。他喝問道：「是誰！」又聽到對面也傳來「是誰！」的聲音，就見到一名男子走了出來，臉上竟然眼耳口鼻啥都沒有，簡直就像是個長著頭髮的雞蛋，此即妖怪平臉妖。興兵衛嚇得拔腿就跑，跑到隔壁村去把朋友叫醒，劈哩叭啦把這件事說了一遍。朋友聞言問道：「那人是長這個模樣嗎？」再一看，不正是平臉妖嗎……

石妖

石妖

從前伊豆地方的深山裡設有石材切割場，某日眾石匠正在休息，一名美女出現提議要替石匠按摩按摩，很快便有一名石匠說好。也不知道是按得很舒服還是如何，那名石匠很快就睡著了。另一名石匠覺得可疑遂離開石材場，還把來龍去脈告訴了途中遇見的獵人。其後兩人折返石材場，獵人執獵槍瞄準美女擊發，那女子竟然憑空消失，反而是石材被擊得粉碎。原來那名女子正是妖怪——石妖。至於那名睡著的石匠身上，卻殘留有石頭刮過的傷痕。

扯袖小僧

袖引き小僧

有時候走路總感覺好像有人在扯自己衣袖。不予理會繼續前進，袖口又接著傳來三、兩下扯動。妖怪扯袖小僧，也就只有如此而已了。他只是以捉弄人為樂，也不做什麼過分的事情，長相也並不恐怖。

算盤坊主

算盤坊主

罕無人跡的小徑，從偌大樹蔭裡傳來了極為突兀的啪啪喳喳算盤聲響。覺得有異迎上前去觀視，剛走到樹木旁邊那聲響便立時中斷，不久便又從他處傳來。看來這妖怪頗以吸引人的注意力為樂。雖有聲響，卻從來沒人見過算盤坊主的真面目，猜想應該是某種的靈所化。

高女
高女

這是個長得特別高的女妖怪。高女能隨意變化使下半身變長，站在外面便能直接窺視到店家的二樓裡面。據說高女是不受男性理睬的善妒女性所化，卻也有人認為她是屬於鬼的一種。此外還另有種名叫高女房的妖怪，平時看起來與尋常女性並無二致，可是一旦發怒生氣就會巨大化，據說高女房已經吃了超過30個以上的人。

高入道

高入道

江戶時代中期的京都，市井傳聞將有怪物出沒。某晚，有個名叫錢屋九兵衛的男子正望著月亮，忽然間只見烏雲罩月、周圍陷入一片漆黑。勉力試著在黑暗中辨別物事，竟然發現眼前有個高約一丈（約3公尺）的巨漢瞪著九兵衛。慌忙間九兵衛隨手拿起身旁的木板擲將過去，那巨漢就消失不見，月亮也隨之重現光輝。據說這是個與見上入道（154）類似的妖怪。

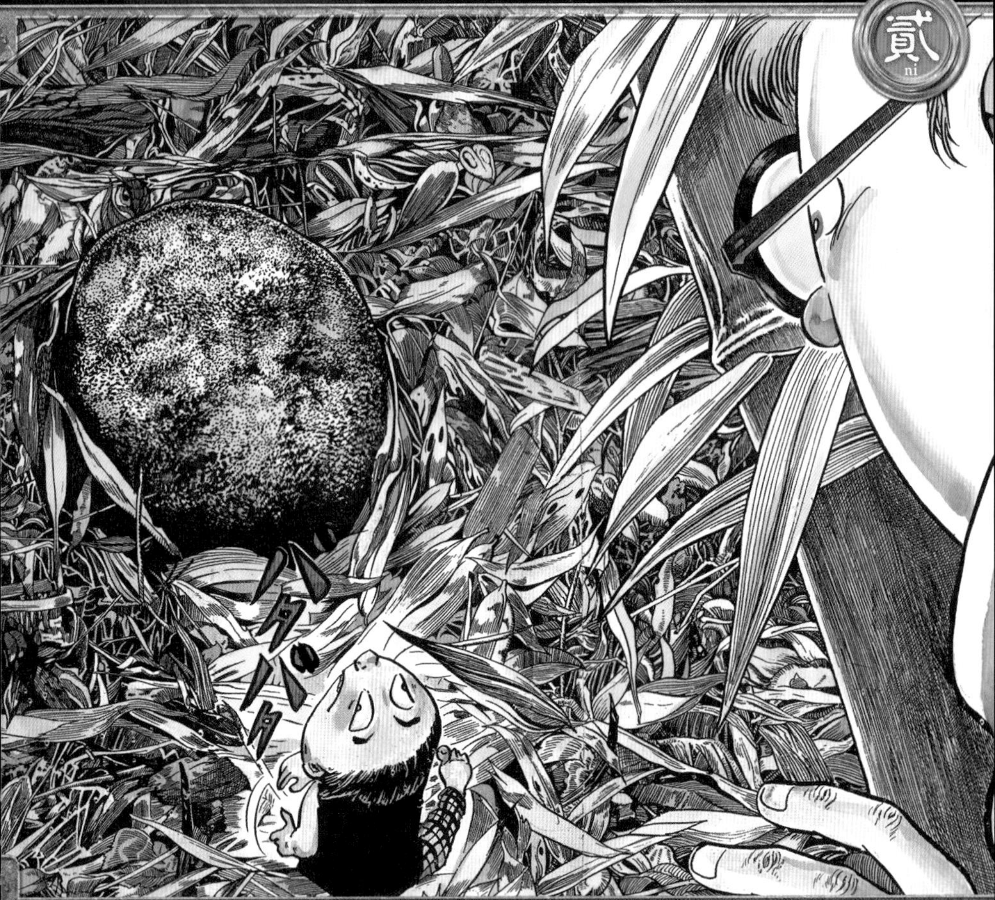

疊叩

畳叩き

這是個夜裡會發出類似拍打疊蓆（榻榻米）聲音的妖怪。從前有個男子想要揭開疊叩的真面目，於是便靜止不動、豎起耳朵集中精神去聽，終於被他發現聲音是從竹林中某個石頭裡面傳來的。他又在那顆石頭前面等了好一會兒，這才有個小人現身並開始敲打石頭。男子把石頭帶回去想要好好研究一番，誰知道當天自己臉上就多了一塊斑，而且斑還每天愈變愈大。男子此時知道這是妖怪所為，趕緊把石頭擺回原來的地方，臉上的斑也就跟著消失了。

燈籠小僧
提灯小僧

從前有一名武士，他手提燈籠照著腳邊、在夜裡前進，忽然下起小雨來。他加快腳步的同時，發現後方有個沒見過的小孩。這小孩超過武士以後，就停了下來。待武士超前，小孩又再次趕到前方停了下來。武士覺得很是奇怪，上前用燈籠照向小孩的臉，卻見小孩生的一張紅臉！武士嚇得停止了動作，那小孩立馬就消失不見了。原來這便是燈籠小僧，傳說下著小雨的夜裡，燈籠小僧便常常會出現在曾經有人無端被殺的地方。

長面妖女

長面妖女

一名男子夜間行路，燈籠忽然熄滅。他往前一看，發現有名提著燈籠的赤腳女子就在前方。男子心中慶幸、跟著女子燈籠的火光前進，卻發現那女子倚著三丈高（約9公尺）的樹幹正在看著自己。就在此時，那女子的身體竟然眼看著愈變愈大，甚至高過了樹幹，而且光是她的臉就已經有一丈（約3公尺）高，正笑瞇瞇地俯視著自己。這便是會在短時間巨大化藉此嚇人的妖怪，長面妖女。

豬口暮露

豬口暮露

所謂「豬口」便是飲酒用的小杯子，而豬口暮露便是把這豬口酒杯戴在頭頂、集體出現的迷你僧人。所謂「暮露」乃指吹奏尺八行腳化緣的「虛無僧」，而豬口暮露同樣也會吹著宛如牙籤般的小小尺八，四處遊走。在人類的世界裡面，犯罪逃刑的武士或是為報仇奔走的浪人，經常會扮作虛無僧藉以隱匿身分，因此豬口暮露或許遠比想像的還要危險也未可知。

貳
ni

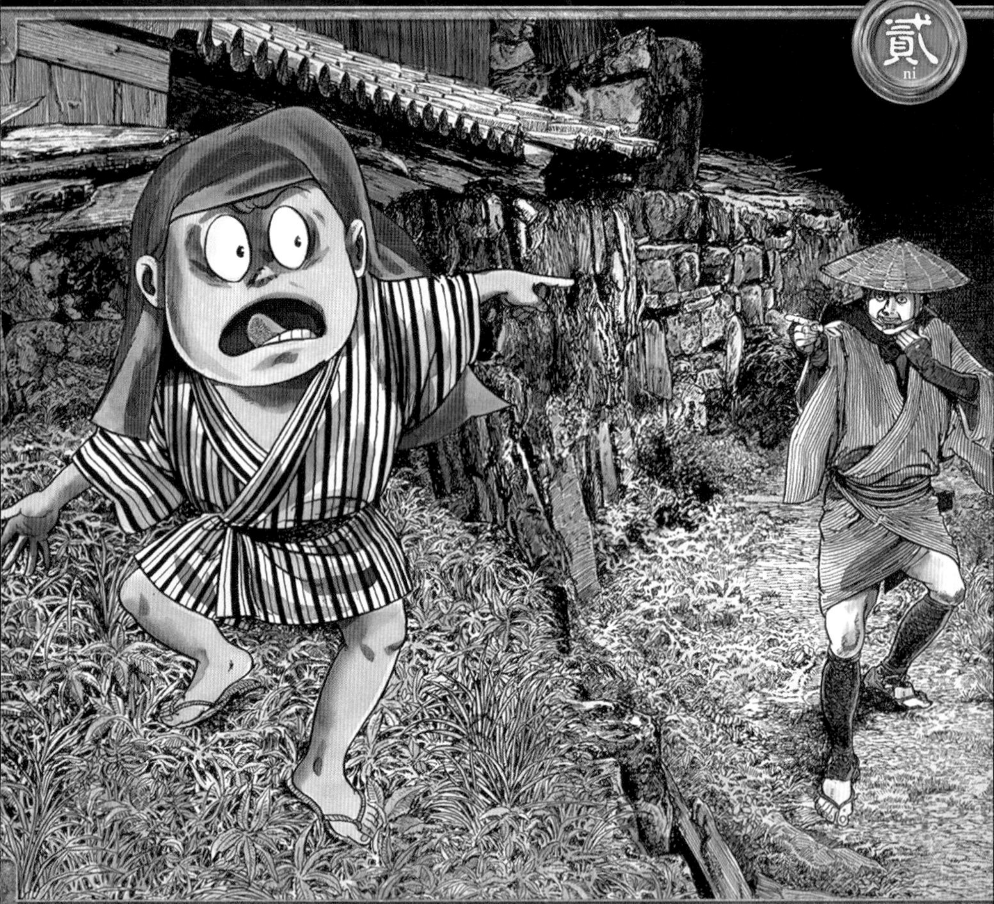

叮叮叮
ちんちろり

從前有個叫作加藤的男子，某天夜裡感覺身後好像有人，那人對自己說道「加藤叮叮叮」。加藤素以大膽勇敢聞名，回嘴道「會這樣說的人才是叮叮叮呢」，雙方就這樣重複著同樣的內容，一路走回加藤家。加藤此時回頭一看，就看見自家屋頂站著一個小孩，那小孩撇下一句「沒想到你也不簡單嘛」便消失了。此事就發生在今天的山口縣岩國市附近，據說直到現在，當地人不服輸回嘴時也會說「會這樣說的人才是叮叮叮呢」。

冰柱女 つらら女

某個暴風雪的夜晚，有個美女來到一對夫妻家中借宿。夫妻兩人很是歡迎款待，加以暴雪連日無法動身、又繼續住了幾天，漸漸變得熟稔了起來。某天燒了洗澡水要讓女子去洗，可女子卻遲遲不肯。禁不住夫妻倆的熱情勸誘，那女子終於帶著哀慽表情進了浴室，竟是久久不見出浴。夫妻倆擔心發生意外、往浴室裡偷看時，已經不見了那女子蹤影，只剩浴缸裡面漂著一支梳子，水蒸氣也在浴室裡凝固凍成了大大小小的許多冰柱。

手洗鬼

手洗い鬼

從前有個左右腳分別踩著香川縣的高松與丸龜、兩邊相隔三里（約12公里）的山，然後在瀨戶內海洗手的巨人，人們稱他叫作讚岐的手洗鬼。本州傳說有個創造出群山與湖泊的巨人叫作大太法師，據說這手洗鬼便是他的手下。香川縣的飯野山山頂附近，也留有一個傳為手洗鬼踩著飯野山彎身飲用瀨戶內海水時留下的腳印。

貳 ni

長[redacted]婆

てっち

這是伊豆群島當中八丈島的老太婆妖怪，她會讓人失蹤或是在深山裡迷路。即便如此，倘若能打好關係，長乳婆卻也願意助人勞動工作，又或者是幫忙尋回在山裡迷路的孩子。長乳婆似乎並不是個太壞的妖怪，料想應該跟山姥妖怪差不多才是。

手長婆

手長婆

這是個棲身於池塘沼澤或者湖底的妖怪。外形猜想應該是個白髮蒼蒼的老太婆，可是平常人們只看得到她又長又巨大的雙手而已。照理說妖怪應該是會把人拖進水裡但手長婆卻是相反，她經常叮嚀在水邊嬉戲的小孩注意不要溺水，或是叱責小孩遠離危險的水域，是個類似兒童保護者的妖怪。

手之目
手の目

從前有個盲人被強盜砍死了。盲人死後沒能成佛，為了向殺人的惡徒報仇，他每晚在外遊走搜尋，可是盲人眼睛看不見，只能伸出雙手探路前進，日復一日，強烈的怨恨執念竟然讓他的手長出了眼睛。從此以後每到滿月之夜，就會有個男子舉著雙手上的眼睛，四處遊走找尋惡徒。

天子
天子

這是個住在八丈島的洞穴裡的童妖。他有時候會擄小孩來一同玩耍，有時候則會跑到山間小屋去偷扯護林員的耳朵，到處惡作劇。大聲罵他他就會「哈哈哈」大笑逃走。話雖如此，天子有時卻也會送食物給飢餓的人，據說那時他也是「哈哈哈」大笑離開。

天吊

天井下がり

這是江戶時代留下許多妖怪畫的畫家鳥山石燕的作品《今昔畫圖續百鬼》裡面畫到的妖怪，由於畫中記載到了「非美女」字樣，所以別看她這副尊容，其實應該是個女妖。天吊會突然從天花板掉下來嚇人，表情還帶著一絲若有似無的笑意，看了著實讓人覺得很不爽。

豆腐小僧
豆腐小僧

每次雨水淅漓漓下個不停，竹林就會有個戴著大斗笠的小孩出現，手裡用木盤盛著一方豆腐，此即妖怪豆腐小僧。這豆腐看起來很是美味，可是一旦吃了那豆腐身體就會開始發霉，須得小心。

貳

ni

這樣咋樣 どうもこうも

從前有兩個叫作「這樣」和「咋樣」的醫生，兩人都自認是日本第一的名醫、互不相讓。某天兩人決定要分個高下。兩人先是把自己的手砍下來再接回去，接著又輪流把對方的頭砍下來再接回去，雙方醫術相當、不分軒輕。最後兩人說好同時把對方的頭砍下來，比試看誰先把頭接回去，結果兩人都沒能成功、雙雙喪命。後來有句話是這麼說的「這樣咋樣都沒轍」（無能為力），就是來自這個典故。

百百目鬼

百々目鬼

從前有個天生手巧而且手特別長的女性，某次她利用此優勢盜取他人錢財。若僅是這樣，那也只不過是一介尋常竊賊罷了，誰知道她偷的錢竟忽然跳起來巴在自己身上，還變成了一個一個的眼睛，終於變成了手臂長滿無數眼睛的妖怪百百目鬼。

泥田坊

泥田坊

這是個出沒在北陸地區田園地帶的妖怪。從前有個貧窮但勤快的男子，他努力開墾荒地，卻在稻米臨近收成之際病倒身亡。誰想繼承他家業的兒子卻是懶惰，非但放任田地荒蕪甚至還把田給賤賣了。據說從此以後，田裡便有個會大喊「還我田來！」的妖怪出沒。原來該名男子的不甘，就此化作了妖怪泥田坊。

哭喪婆 泣き婆

江戶時代中期的俳句詩人与謝蕪村曾經留下幾幅妖怪畫，其中便曾經畫到這個哭喪婆。相傳哭喪婆曾經出現在遠州地區（現在的靜岡縣）的某個旅館，據說她要是在某個人家門口哭泣，那家就將有禍事發生，那不幸或許正是啼哭聲所帶來的也未可知。

納戸婆

納戸婆

所謂納戸就是指收納用的房間，也就是今日所謂的儲藏室。平時不用的家具和衣服都是放在這裡，所以鮮少有人出入經過，而且通常比較幽暗。納戸婆便藏身在這納戸裡面，她會突然打開納戸的門大叫嚇人。如果拿掃箒等物打她，納戸婆就會落荒而逃。

吸肉妖
肉吸い

這是三重縣熊野地區的一個恐怖的妖怪。吸肉妖會化成美少女的模樣呵呵笑地接近人類，然後把人身上的肉給吸光。據說吸肉妖怕火，有人光是用打火石點燃火繩（拿樹皮或線結成繩再浸淫硝石火藥助燃的引線）就把吸肉妖趕走了。曾經有個獵人用寫有「南無阿彌陀佛」字樣的特製子彈把吸肉妖射倒，趨前一看結果發現吸肉妖的身體只剩骨頭和外皮而已。

入道坊主

入道坊主

這是個跟見上入道（154）同類的妖怪。愛知縣傳說中的入道坊主起初只有1公尺高，靠近以後就會變成2公尺左右。若能搶先說出「我看見你了」便能安然無事，萬一被入道坊主搶先那就小命不保了。至於福島縣則相信入道坊主乃是鼬鼠所化，若是只顧著抬頭看而露出咽喉要害，就會被入道坊主趁隙咬斷喉嚨。

沼御前

沼御前

盤據福島縣沼澤沼（現在的沼澤湖）的妖怪。江戶時代中期曾經有名獵人來到此地，發現一名塗著齒黑約莫二十歲的美女，腰身以下泡在水中，而且頭髮竟有兩丈（約6公尺）長。這顯然是個妖怪，獵人遂執起火槍射擊，轉眼便見烏雲密佈、水底傳來雷電霹靂的聲響，頓時間水面洶湧翻騰不已。雖則風雲驟變，據說那名獵人後來並未遇害卻是平安無事。

濡女子

濡れ女子

多次在四國、九州海岸等地被人目擊到的妖怪，會在下雨的夜裡滿頭濕答答地從水中現身。愛媛縣的濡女子又因為會衝著人微笑，故亦稱「笑女子」。此時千萬不可以回以笑臉，否則就會被她纏糾一輩子，切記切記。

貳 ni

寢肥
寢肥り

從前有個美女，可是她坐臥終日不事勞動所以變得愈來愈胖。她睡覺的時候，身上的肉就像是在房間裡整個攤了開來似的，還鼾聲如雷。人皆謂之寢肥。她既沒有半點女人味又粗魯嘈雜，絕大多數男子看了都很倒胃口。亦有人說寢肥其實並非妖怪，而是人們為了勸誡人不要賴床、懶惰不運動而創造出來的怪物。

野寺坊
野寺坊

長日近暮，卻聞鐘聲。先不說現下並非敲鐘的時刻，附近根本就沒有寺院哪來的鐘，可耳邊聽到的確是鐘聲無誤。這其實是妖怪野寺坊所為。野寺坊總是穿著一身破破爛爛的衣服，表情看起來好像很寂寞似的。

伸上
のびあがり

愛媛縣有種眼看著會愈變愈大的妖怪，當地稱之為伸上。一般都說這種會眼看著愈變愈大的妖怪都是狸貓等動物所化，當地卻相信這伸上是水獺變幻而成。遭遇伸上可以伸腳去踢離地30公分處，或是避開視線不要看他，伸上就會消失不見。

橋姬

橋姫

橋姬棲身於京都府宇治的一座橋樑附近。從前宇治川河邊有對夫婦，某日丈夫離家說要去龍宮，從此便再沒有回來。據說妻子因為悲傷過度而死，死後就變成了橋姬出沒。另一則故事則說橋姬是宇治川的精靈，住吉明神經常在夜裡與她相會；待到天亮住吉明神離開以後，橋姬傷心難過便開始翻江倒水。看來是個脾氣頗差的妖怪。

針女

針女

這妖怪滿頭亂髮、髮梢有如釣針，用來鉤住男子將其擄走。一旦被她的頭髮鉤住，無論何等彪形大漢都要動彈不得。針女大多出沒在愛媛縣的南宇和郡一帶，曾經有人對某個貌美小姑娘稍作微笑，結果發現竟是針女，被針女披頭散髮窮追不捨。好不容易逃回家裡躲過一劫，門板卻赫然留下了無數髮針撓鉤過的痕跡。

饑神 ひだる神

在山裡被饑神附身，就會肚子餓得一步也走不動。此時可以吃一口便當的剩飯，也可以在手心寫個「米」字舔三下，就可以恢復力氣了。據說饑神是橫死山中未受祭祀的亡魂所化，山間尤以山崖等地特別容易有饑神出沒。

獨眼入道

一つ目入道

從前幾名武士來到某個窮醫生家中，央請醫生到府看診。醫生被帶到某個大院，院裡竟然有個身高超過2公尺的獨眼入道，這獨眼入道還出乎意料地溫和有禮。看診事畢，隨即擺開豐盛的酒宴，醫生禁不住眾人紛紛勸酒、吃得酩酊大醉。待他醒轉，發現已經回到家裡。醫生問妻子，妻子說是赤鬼和青鬼抬著轎子把他送回家的。如此不可思議的故事，很快就傳開成為街知巷聞的熱門話題。

火間蟲入道

火間虫入道

這是種經常在人們熬夜工作時出來偷舔燈油的妖怪。火間蟲入道是終日無所事事的懶人死後所化，老是愛給勤奮勞動的人作梗添亂。亦稱「火間蟲夜入道」。鳥山石燕的畫作《今昔百鬼拾遺》也有畫到這個妖怪。

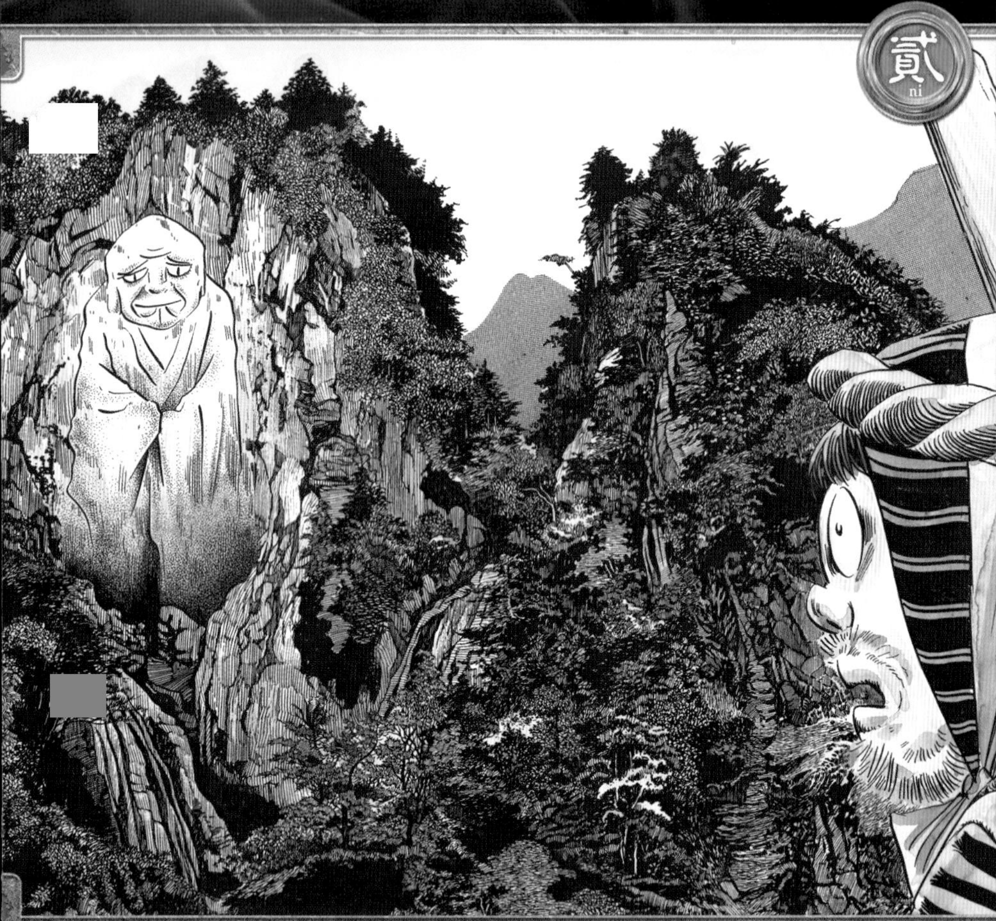

日和坊
日和坊

日和坊只在晴天出沒，陰雨天卻不見蹤影，可謂是非常特別另類的妖怪。他也不會惡作劇，出現以後只是靜靜待著而已。後來人們只要看到日和坊就知道天氣肯定放晴，漸漸演變成製作人偶掛在屋簷下、向日和坊祈求好天氣的做法，據說這便是晴天娃娃的由來。

窮神
貧乏神

從前有個男子做了個夢。夢的內容也很平凡，只有個衣服骯髒的老人爬上了二樓而已。豈料自從做了這個夢以後，那男子就愈變愈窮。就這樣窮了四年，男子又再次夢到那個老人，夢中老人先是從二樓走下來，說道：「你準備點烤飯糰烤味噌放在木盆裡，拿去附近河邊放水流。」然後就離開了。據說男子依言而行，從此便擺脫了貧窮。原來這老人就是住在別人家裡的窮神。

貳
ni

吹燈婆婆
吹き消し婆

從前人們點蠟燭點燈，燈火經常明明沒有風動卻無來由地熄滅。油也夠，燈芯也夠，火為何會滅？原來這是吹燈婆婆幹的好事。有時候吹燈婆婆會趁人擺宴飲酒的時候從遠處吹氣把燈火吹弱吹熄，給人添亂。從前人們只能點火照明，想必照成了不少麻煩。

二口女
二口女

曾經有個女人只愛自己的孩子，不肯分食物餵給前妻的小孩。等到前妻之子終於餓死，死後七七四十九天時卻有異事發生。那女人意外被斧頭砍到後腦杓整個裂開，傷口遲遲沒有復元卻變成了一張嘴巴。後腦杓的那個嘴巴食欲極為旺盛，如果沒把它餵飽就會口不擇言亂講話。此即妖怪二口女，憎恨沒有血緣關係的繼子甚至把孩子餓死，就會變成這個妖怪。

震震

震々

這是種讓人覺得恐怖的身體直發抖的妖怪。人在墓地等荒涼寂寥的地方，經常會毫無來由地覺得恐怖的感覺油然而生，這便是震震在作祟，此時可以說已經被震震給纏上了。就算是溽暑酷夏，被震震纏上了還是會背脊不住地發涼，然後不停震震發抖。

呸太郎
べか太郎

頭大大的像個嬰兒、下半身卻是大腹便便，模樣非常難看。每次出現在人類面前就會吐出紅紅的舌頭，雙手手指扯著下眼瞼扮鬼臉。他名字當中的呸字正是來自於扮鬼臉此一舉動，總之這個妖怪老是會做些輕蔑他人的行動，讓人看了就不爽。

貳
ni

舞首
舞首

鐮倉時代中期，伊豆地區有三個自詡勇武的武士叫作小三太、又重和惡五郎。某次祭典節日，三人因為細故發生口角爭執，後來衝突愈發升級演變成生死決鬥。惡五郎率先砍下小三太的腦袋，接著立刻撲向又重。兩人經過一番激烈的糾纏戰鬥，最終同時人頭落地。嚇人的是，三人頭都斷了卻依然是爭執不休。從此以後，這三顆頭顱每到夜裡就會噴著憎恨的火炎、逡巡飛舞在大海之上。

松樹精靈
松の精霊

愛知縣長興寺寺門前有兩棵合稱二龍松的古松，這兩棵古松均已成精。某日，這兩個松樹精靈主動來到長興寺住持跟前，要住持拿筆墨紙硯出來。住持雖然奇怪但畢竟是神木的要求，於是便依言取出文房四寶；只見兩名精靈很是高興的樣子，在紙上寫下了某種類似漢詩的文字，說道：「如此則寺中無災。」語畢便往松樹裡面一蹦消失不見了。至於那張紙，當然也就從此由該寺住持妥善保存。

見上入道

見上入道

這是個會眼看著愈變愈大的入道型妖怪。一旦發現見上入道，就要跟時間賽跑、先者為勝。搶先喊出「見上入道，我看透你了！」的咒語然後趴在地面，如此見上入道就會很快消失。像這種會巨大化的妖怪其實不在少數，大抵都是要搶在妖怪之前先動作方能倖免。磨磨蹭蹭的慢個半拍，嚴重點可是會小命不保的。

貳
ni

蓑衣婆婆
みかり婆

以關東地區為中心出沒於各地的妖怪。以神奈川縣的川崎市為例，蓑衣婆婆會在每年的2月8日和12月8日來訪。家家戶戶都要拿竹籠放在玄關，然後儘量蝸居家中避免外出。同屬神奈川縣的鶴見一帶則說蓑衣婆婆會在11月25日至12月5日這段期間出現。蓑衣婆婆會到各家各戶去敲門商借蓑衣，至於她身邊的則是獨眼小僧，兩者似乎經常會一起行動。

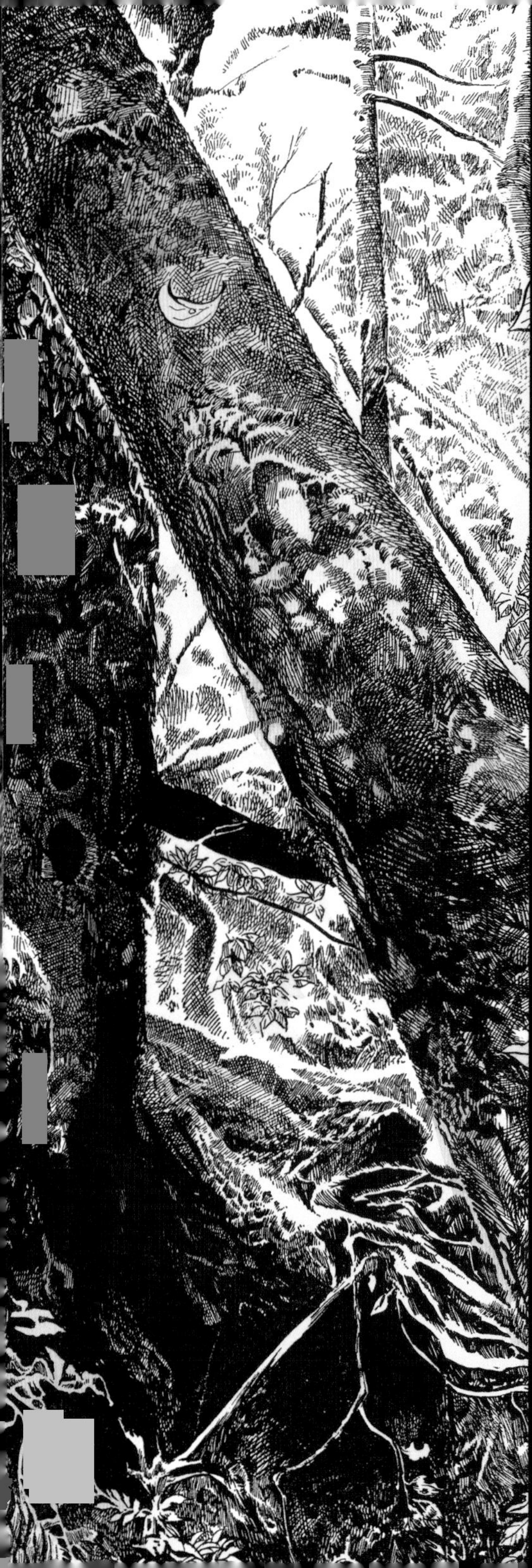

百百爺

百々爺

這個妖怪平時住在深山裡，夜深以後才會來到山下。百百爺神出鬼沒，誰遭遇到他就會大病一場。某些地方訓叱不聽話的孩子，會說「你再鬧脾氣就捉起來去給百百爺吃了」如此嚇唬孩子，可見人們對百百爺畏之頗甚。亦有說法指百百爺其實是深山密林裡的鼯鼠、飛鼠所化。

貳
ni

夜行妖
夜行さん

日本自古以來便相信有個妖魔鬼怪特別活躍的日子叫作「百鬼夜行日」，而這個獨眼鬼夜行妖也會在百鬼夜行日當天，騎著一匹無頭馬跟著隊伍緩緩行進。不幸遇到夜行妖很可能會被他拋飛或踢死，是以每到百鬼夜行日人們都要閉門不出。萬一真碰到了夜行妖，可以拿草鞋放在頭頂、壓低身體趴在地面上，據說如此就不會遭到夜行妖攻擊。德島縣則相信夜行妖也會在節分當天晚上出現。

夜道怪

夜道怪

這是個流傳於琦玉縣一帶的妖怪。夜道怪披頭散髮衣衫襤褸，還會背著個大包袱出現。人皆謂夜道怪是個會擄小孩的妖怪，卻也有說法認為夜道怪其實是人類，真正身分是高野聖（高野山的僧人）。日落時分，夜道怪會佇立在村裡的路上喊道：「今天就住這兒吧！」也不知道是不是在要求借宿，只要沒人反應他就會離開前往下一個村落。

貳 ni

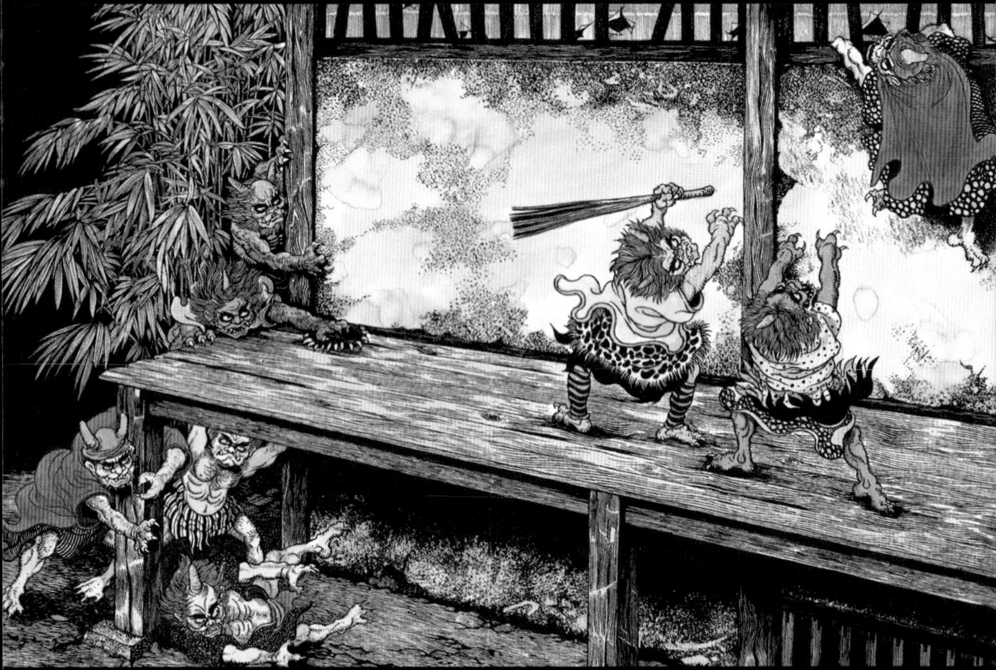

家鳴

家鳴り

有時候家裡的玻璃窗和門板會突然毫無來由地開始搖晃、喀喀作響，嚴重者甚至還會聽到咚咚咚、啪噠啪噠的聲音。這並非地震，也找不到任何原因。西洋稱此現象叫作騷靈現象（Poltergeist），日本卻相信這是某種類似小鬼的家鳴妖怪在惡作劇。這種現象似乎比較經常發生在老舊的武士宅邸和農家大院。

山男

山男

從前有個男子家中有人生病，於是出外去延請醫生，豈料慌忙中行差踏錯跌落了山谷。這一跌似乎是把腿給跌斷了，根本沒辦法走路。正絕望間，忽然有個巨大的山男出現把自己給背了起來，手腳俐落地攀上近乎垂直的山壁、把男子送到醫生家門前，然後就如同風一般地消失了。據說這是發生在靜岡縣某個村子的事情。

山女
山女

從前有個武士去山裡砍柴，恰在長夜將盡、曙光初現的時刻，看見有某種物事掠過對面山頭。同時那物事也停了下來，從松樹林裡探出上半身來往這邊看。那是個美麗的女子，唯獨眼神卻是非常恐怖可怕。武士連滾帶爬逃下山來，回到山下再仔細一想，那松樹林可是有3公尺多高，能從那樹上探出身來的必定是怪物無疑，此即山女。

山婆

山婆

這是從前出現在岩手縣和秋田縣的妖怪。從前有個男子名叫長十郎在山間行走，忽然感覺草叢樹木有異常的搖晃騷動，回頭一看竟是個身高約2公尺的山婆，雙眼炯炯散發著凶光。那山婆追來的速度疾疾如風、眼看逃跑無望，長十郎只能胡亂揮刀以求自保。慌亂間砍中了山婆，便見山婆扯著極其淒厲的哀號聲從山崖跌落到了大海底下。據說現場殘留某種類似馬毛的毛髮飛舞飄散，血跡則是黃色的。亦作「山姥」。

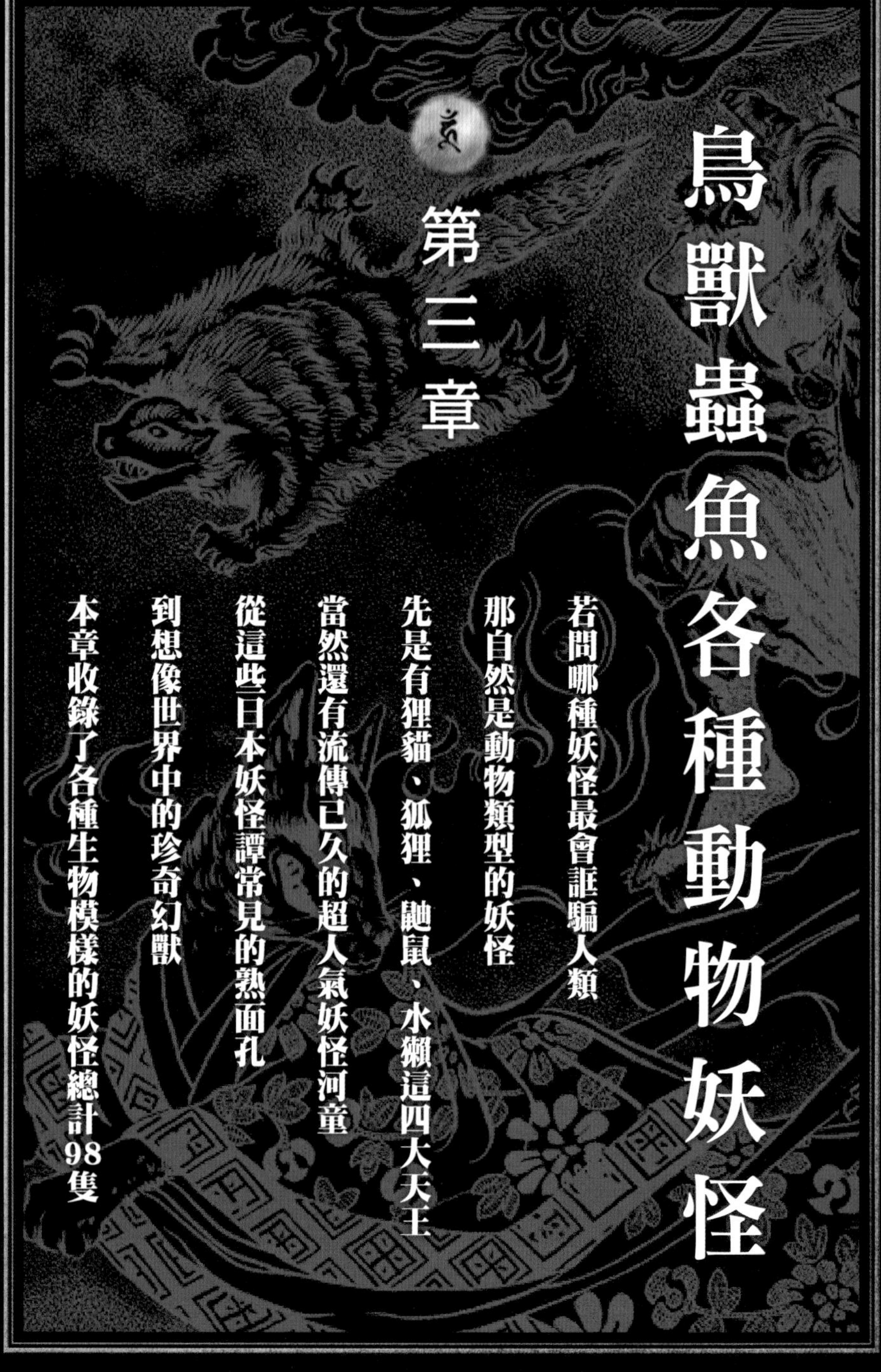

第三章 鳥獸蟲魚各種動物妖怪

若問哪種妖怪最會誆騙人類
那自然是動物類型的妖怪
先是有狸貓、狐狸、鼬鼠、水獺這四大天王
當然還有流傳已久的超人氣妖怪河童
從這些日本妖怪譚常見的熟面孔
到想像世界中的珍奇幻獸
本章收錄了各種生物模樣的妖怪總計98隻

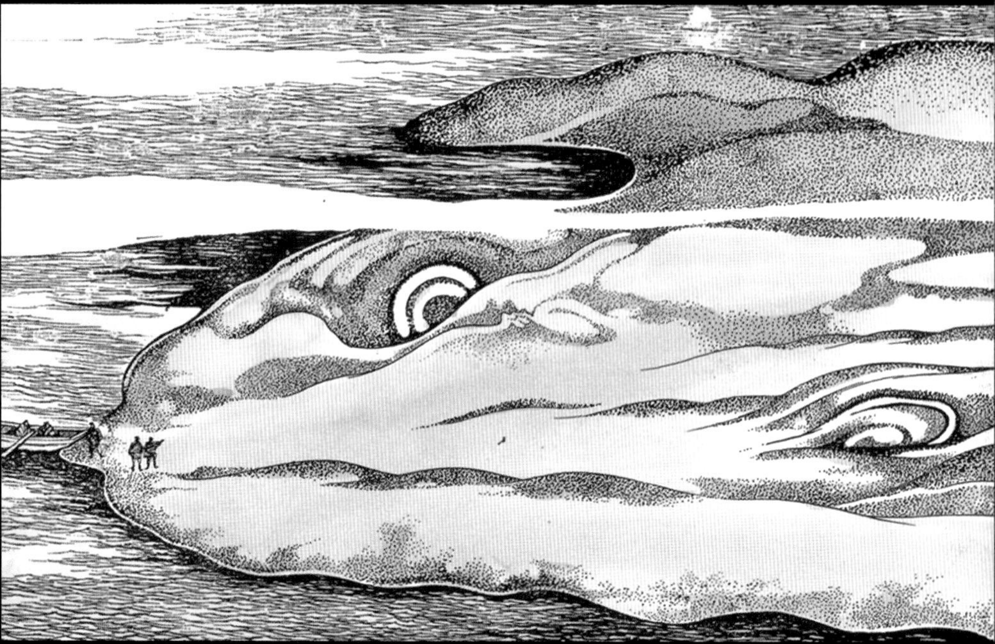

赤魟
赤えい

這是隻身體長達三里（約12公里）的大魚。赤魟因為體型太過龐大所以背部往往有土砂等物沉澱堆積，每次當赤魟浮出海面要把這些土砂卸下，便經常會有船隻把赤魟誤以為是島嶼而靠近。也曾有遭遇海難的船員將赤魟誤認為是島嶼，登陸以後卻發現上面既無人家，池塘水窪的水也都鹹得無法入口。不得已只能再登船離開，沒想到那島嶼竟然就眼睜睜地潛入了海裡。

赤舌

赤舌

赤舌正如其名，是個赤紅色舌頭讓人印象特別深刻的妖怪。鳥山石燕的《畫圖百鬼夜行》記作「赤舌」，另一名江戶時代的畫家佐脇嵩之所繪《百怪圖卷》卻稱作「赤口」。赤舌是個跟水淵源頗深的妖怪，諸多傳說均將其指為水門的看守者。

阿卡納
アカナー

這是個心地善良的沖繩妖怪。從前阿卡納跟猴子住在一起，院子裡面有許多桃樹。猴子為了將桃子全部占為己有，遂向阿卡納提議道：「我們來比賽賣桃子，敗者就算被殺死也不能埋怨。」然後專挑成熟香甜的桃子放進自己的籃子裡，把青澀難吃的桃子全都推給了阿卡納。結果阿卡納一個桃子都賣不出去，只能向月亮祈禱；月亮覺得阿卡納實在可憐，就把他救到天上去了。從此以後，人們就可以在月亮裡面看見阿卡納在那裡汲水的樣子。

網切 あみきり

雖然現在已經比較少見了，不過從前的夏夜大部分都是掛蚊帳來防止蚊子叮咬。有時候隔天起床要摺蚊帳的時候，才發現蚊帳像是被刀割破似地開了一個大口。這便是妖怪網切在作祟。據說除了蚊帳以外，網切也會破壞魚網或者曬在外頭的衣物。至於網切此舉用意為何，從來沒人知道。

海妖 あやかし

這是種出沒於周圍不見陸地的外海區域的一種長得像鰻魚的妖怪。海妖粗倒是不怎麼粗，長度卻往往長達數千公尺，也因此海妖從船隻上方跨越掠過的時候，往往要花個兩到三天才能完全通過。更有甚者，此時海妖周身會噴出大量的油，所以船員都要全體動員把油往船外舀，才不會因此弄沉了船。對討海人來說，這是種很恐怖的妖怪。

異獸

異獸

從前在新潟縣的山裡有個叫作竹助的男子，吃午飯的時候發現有個類似猿猴的野獸靠近自己；這野獸好像很想吃自己手中的烤飯糰，竹助便丟了點過去，就見那異獸很高興地吃了起來。如此觀察一陣，看來不像是什麼恐怖的怪物，竹助算是安下心來，說道：「我明天也會經過這裡，再拿烤飯糰給你吃。」正要扛起行李啟程，誰知道那異獸毫不費力直接把行李搭到肩上便邁開了腳步。直到快要抵達目的地異獸才卸下行李，然後風也似地奔上山去。沒人知道這究竟是種什麼樣的動物野獸。

參 san

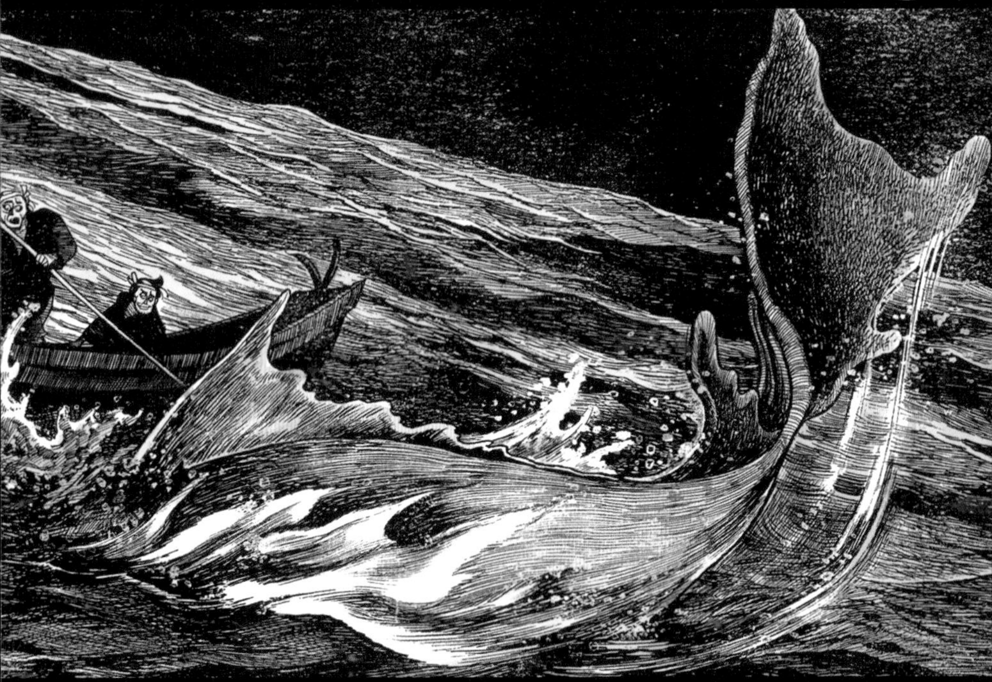

磯撫

磯撫で

這是種出沒在西日本近海附近的怪魚。這種怪魚大體上長得像鯊魚，唯獨尾鰭生得特別巨大，表面如同刨絲刀般排滿了許多針，磯撫便是利用這尾鰭把船員給扯下海的。磯撫發動攻擊的方式也頗為特別，他並不會忽然現身，而是會讓尾鰭緩緩浮上海面，像是在撫摸船隻似地靠過來。磯撫這個名字便是源自於這個習性。另有「鰐鮫」（234）也是與磯撫同類的怪魚。

一隻腳 一本足

奈良縣吉野郡有座山叫作伯母峰，那裡有個叫作豬笹王的獨腳妖怪出沒。這個一隻腳妖怪原本是頭背部長著山白竹的山豬，被獵人射死才變成妖怪亡靈。其實這亡靈本來也想變身成野武士一洗怨恨，結果卻事與願違，只好放棄原本報仇的念頭，反而來到這攻擊路過伯母峰的旅客、吃人為禍。

參
san

以津真天

以津真天

這是一種能吐火焰、利爪如劍的怪鳥，展翅約有5公尺寬。從前這個怪鳥出沒的時代，世間正逢瘟疫流行、都城裡屍體堆積如山。這隻怪鳥彷彿是在詰問曝屍於野何時才要收拾似地，總是※「何時、何時」的叫。莫非是死者亡靈化成了怪鳥的模樣？

※：日語「何時」（いつまで）音近「以津真天」（いつまでん）。

犬神
犬神

犬神就是會附身人體的犬靈。犬神有分突發性和遺傳性兩種。突發性犬神會突然食量變得極大或是高燒不退，這些病症並非醫生所能治，必須找祈禱師來祓禊驅靈。至於遺傳性犬神則是指某些家族會特意祭祀崇拜犬神，如此便能驅使犬神為己所用。這一類的犬神，唯有該家族成員才能看得到。犬神傳說主要流傳於日本的中國地區、四國和九州一帶。

牛打坊
牛打ち坊

這是種會潛入馬廄或牛舍偷吸牛馬的血、致使牲口暴斃的妖怪。每當牛馬暴斃時人們經常會說「又是個被牛打坊纏上的」。遇到牛打坊出沒就要行祀施咒驅除災厄，作法是先蓋起一間叫作「牛打坊的盆小屋」的小屋，然後把小屋連同牛打坊一起燒死。

牛鬼
牛鬼

牛鬼正如其名，是種模樣長得像牛的鬼。牛鬼傳說在西日本地區流傳較廣，山陰地區相信牛鬼住在海裡，時時會登陸襲擊上到海岸來吃人。牛鬼性情凶殘而且執拗，絕不輕易放過自己盯上的獵物。四國和紀伊半島地區則說牛鬼住在河裡，高知縣亦有傳說指牛鬼曾經殺死了村子裡某個在河裡放毒捕魚的老人。

陰摩羅鬼

陰摩羅鬼

從前有個男子正在緣側簷廊打盹，聽見有個聲音叫自己名字。他驚醒一看，眼前有隻鳥拍打著翅膀，可是這鳥卻大非尋常。這怪鳥如同鷺鳥般通體漆黑、眼睛燦燦發光，不但能口吐青色火焰還能啼叫彷彿人語，渾然是個難以受到世俗接納的恐怖怪鳥。就此事去諮詢寺裡的僧人，這才知道新近剛有亡者被送到寺中，恐怕是新喪屍體的屍氣所變成的怪鳥。

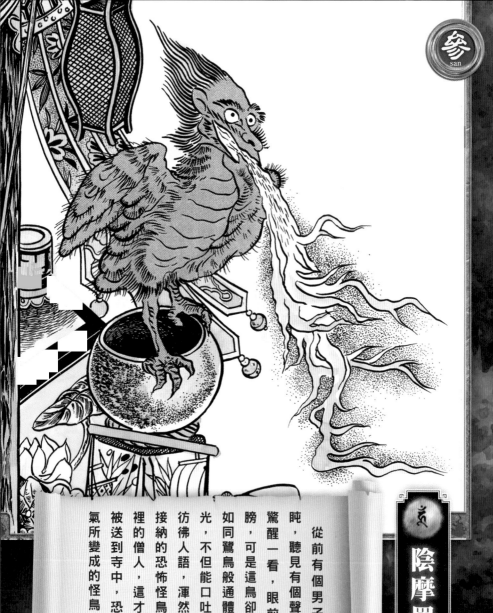

怪井守

怪井守

蠑螈（井守）是住在水中的兩棲類生物，日本和中國都相信蠑螈能夠變化形體。妖怪井守會先物色少女，選定對象後便變身成年輕男子加以誘惑，然後糾纏附身。相傳從前新潟縣佐渡島曾經有怪井守變成身高達3公尺、全身漆黑的僧人出來害人；當時人們覺得某個宅邸的水溝很是可疑，把水排乾以後竟然發現了多達6隻長約2公尺的井守，再把這些井守全數殺死以後，從此那怪僧人就不再出現了。

火車

火車

辦喪事的時候，有時候會突然間疾風暴雨，吹得送葬隊伍東倒西歪，即便棺木被掀飛了也不見消停。這種狀況人稱「火車作祟」，人們非但忌避而且深引以為恥，因為這表示死者生前壞事作盡，所以火車才會從地獄前來迎接死者。其實火車本是地獄的火焰車，後來不知何時才被描繪成這種長得有點像貓的模樣。

單耳豬
片耳豚

這是種沒有影子的豬崽妖怪，會趁人不注意鑽過別人胯下。據說被單耳豬鑽過胯下者不是被抽走魂魄而死，就是變成失魂落魄的行屍走肉。遭遇單耳豬時，只要趕緊把雙腳交叉闔起便可無災。單耳豬是鹿兒島縣奄美大島的妖怪，奄美市市公所周邊的出現機率特別高。

蟹坊主

蟹坊主

山梨縣山梨市有座叫作蟹寺的寺廟，從前有段時間曾經多次發生住持神祕失蹤的怪事。某一天，有個僧人來到寺裡說：「我來寺裡住一晚看看。」夜深以後，僧人感覺到某種氣息故而醒轉，果然看到一個膚色黝黑的和尚站在那塊。那和尚接著打謎語向自己問道：「兩足八足大足二足橫行自在兩眼大差？」僧人抄起獨鈷金鋼杵，大喊：「答案是螃蟹！」立馬便刺將過去。那和尚慘叫一聲便逃走了，原來是隻巨大的螃蟹。

參 san

鐮鼬

鎌鼬

走在路上忽遇強風吹襲，當下也不覺得怎樣，直到返回家中家人失聲道：「你怎麼受的傷？」才發現自己腳上有道長長的傷口，鮮血還汩汩在流。此乃鐮鼬乘著旋風所為。鐮鼬的爪子和鐮刀一樣極為鋒利，鋒利到就算被砍傷也不覺得痛，這便是為何當事人往往無法察覺受傷。

剪髮妖

髮切り

這是種會趁人不注意偷剪頭髮的妖怪。以下這事發生在明治時代，有個女子在某個大戶人家家裡做事，正要上廁所時被這妖怪剪下了一整絡頭髮、隨即昏厥倒地，從此便久病難癒。可不要以為那只是區區頭髮被剪而已，其實精神層面的創傷打擊可謂是難以估量。

水獺

かわうそ

自古都說水獺通曉變化之術，還經常會變身成年輕小娘和孩童。一般質問「是誰？」，人類會回答說「是我啊」，水獺答的卻是「是嘔啊」；接著問他是哪裡的什麼人，水獺就會用「咳嗨」之類意義不明的話語回答。水獺跟狐狸、狸貓齊名，是最常附身佔據他人身體、最常惡作劇嚇人的代表性動物。

參
san

舊鼠
旧鼠

以下是室町時代的故事，某個人家的馬廄裡面住著一隻老鼠，反正也沒造成什麼損害，所以該戶人家也就沒去整治驅除。後來這隻年老的老鼠，非常罕見地竟然跟貓變成了好朋友。那隻貓先是生了五隻小貓，後來卻誤食毒餌毒死了，從此那老鼠便每晚來哺乳餵養小貓。據說後來那隻年邁的老鼠便不知所蹤了。原來老鼠活得久了，也會變成妖怪。

九尾狐

九尾の狐

從前有隻狐狸，變成了能夠迷惑誆騙他人的妖狐。又過了許多年，妖狐終於獲得了不死之身，非但全身長滿金黃色皮毛，長長的尾巴還裂成了九股，此即九尾狐。這九尾狐先是在中國的殷朝變成美女迷惑君王，跟著把印度也搞得雞飛狗跳，然後又變成少女的模樣、乘坐遣唐使的船隻來到日本潛入宮廷，此時卻讓陰陽師識破身分，殺死在那須（現在的栃木縣那須町）的荒野之上。最終九尾狐的屍體變成了一顆殺生石，至今仍有硫化氫、亞硫酸等有害氣體從殺生石當中噴出。

庫塔白 クタ部

江戶時代末期，富山縣的立山有個名叫庫塔白的怪獸出沒；這怪獸長得活像個人面牛，腹部兩側也有長眼睛。在聞風聚集而來的人們面前，庫塔白預言道：「五年內將有不明瘟疫流行，屆時死者無算，唯獨見到我的人方能活命。」然後教大家把自己的畫像貼在家門口便能倖免於難。這則預言很快便傳遍全國各地，一時間蔚為話題。

參
san

蓋多 ゲド

蓋多是種依附於住家的妖怪，大小跟貓差不多，也有人說蓋多的毛色是茶褐帶黑色。從前一名男子剛從蓋多寄身的人家裡偷了點米，隨即便精神錯亂、大喊「蓋多來咬我了，救命啊！」並且不住掙扎。從此蓋多頗受附近人家敬畏，人們都說那戶人家「有蓋多在」不敢輕易接近。

小池婆

小池婆

從前武士家族小池家麾下有名男子，某日他在山上遭到狼群襲擊。他雖然爬到樹上躲避，怎知狼群卻如同疊羅漢般一頭狼踩著一頭狼，眼看著只差一點就要搆到了。最頂端的那匹狼號叫道：「把小池婆叫來！」旋即便見到一隻大貓出現、沿著狼梯迅速爬了上來。男子舉劍砍向大貓眉間，只聽見某種金屬撞擊的聲響，大貓和狼群就全部消失不見了。後來人們才發覺，原來那隻大貓早已經化身成小池家家主的母親潛伏多時，小池家主也立刻就把那隻大貓給除掉了。

五德貓

五徳猫

所謂五德，就是種以前擺在圍爐裏裡面用來支撐水壺鍋子的鐵製道具，現代的瓦斯爐同樣也有使用這種構造。至於五德貓，就是隻把五德頂在頭上的貓。五德貓的尾巴後端分成兩股，從這點看來，五德貓跟流傳已久的貓又該算是同類。一般貓都怕火，五德貓卻是渾不在意，甚至於生火對其來說只不過是小菜一碟。至於五德貓為何頭戴五德，那就沒人知道了。

馬首垂 さがり

一男子夜間行路，忽然從老朴樹的枝叢裡面傳來窸窸窣窣的聲響。正覺得奇怪間，佇足抬頭往朴樹上面一看，樹枝上竟然掛著一顆馬頭，頭顱底下卻並無胴體，而且馬頭還張大了嘴嘶鳴不止，嚇得那男子拚了老命就逃。據說九州地方也有個吊著馬頭的地方，任何人只要見到就會高燒不退。為何會有馬頭垂吊在高處，原因至今仍不得而知。

猿鬼

猿鬼

這是個出現在石川縣七尾灣內能登島的妖怪。這個妖怪形似猿猴，遂得猿鬼之名，每每見到人畜就會襲擊。當地居民不堪猿鬼所擾，遂按照※氏神指示去向天皇求救，請來素以勇武聞名的左大將義直來降妖，殺死了猿鬼。據說猿鬼的角至今仍然完好保存於現在的伊夜比咩神社裡。

※氏神：日本居住於同一聚落、地域的居民共同祭祀的神道神祇。

篠崎狐

篠崎狐

江戶時代中期有四隻惡名昭彰的狐狸。某個夏日早晨，一名賣魚的行商無意間發現了正在睡眠中的狐狸；他一揚聲，狐狸慌忙四散奔逃就不見蹤影了。當天傍晚行商去拜訪友人，怎知那友人之妻突然暴斃。友人正自扶棺送葬、操辦喪事，行商獨自被留在家中，那暴斃女子的幽靈竟然出現把行商咬得全身是傷。想當然爾，這其實是那群狐狸在報復。據說，後來那行商準備了紅豆飯和豆皮來向狐狸謝罪，這才了事。此事發生在現在東京都江戶川區的篠崎一帶。

邪魅

邪魅

鳥山石燕的《畫圖百鬼夜行》固然將邪魅畫作野獸模樣，實則邪魅長得什麼模樣、全身有何特徵卻是全然未知。邪魅會危害人類這點倒是不會有錯，應該是某種類似於惡靈的存在。也很有可能是從前人們會將各種起因不明的怪異現象都喚作邪魅。

精螻蛄 しょうけら

精螻蛄會在每六十天一度的「庚申日」出現。相傳在庚申日這天，人體內的惡蟲三尸蟲會趁人睡覺時上天庭去告狀，把那人做過的壞事告訴天帝，天帝就會把那人減壽，所以人們每到庚申日就會徹夜不眠，不讓三尸蟲離開自己的身體。精螻蛄便是這三尸蟲的其中之一。這幅圖畫的是精螻蛄離開人體後、爬上天庭以前，從屋頂往屋內窺視的樣子。

蜃

蜃

這便是吐氣能造成海市蜃樓的那隻鼎鼎大名的幻獸。蜃屬龍一類，本是中國的幻獸。腰部以下鱗片逆生，拿蜃的脂肪製成的蠟燭，點起來馨香滿室久久不散。日本經常把蜃跟同屬龍族的「蛟」混淆，但兩者其實是不同的妖怪。

絆腳妖

すねこすり

某個男子夜間趕路，不巧忽然下起雨來。他急著趕路無暇躲雨，於是便一股作氣往前跑，突然腳邊出現一隻長得像狗的動物蜷曲在地面、差點把自己絆倒了。再仔細往腳邊一看，根本沒什麼動物啊。可是待他再次拔腿跑起來，還是覺得腳被什麼東西給絆住了。那男子害怕極了，不管不顧只是逃跑。這便是妖怪絆腳妖。

引魂蛤蟆 センポクカンポク

家中有人過世就會出現的一種類似蛤蟆的妖怪。引魂蛤蟆會在喪家停留三週，差不多到第四週就會把死者亡魂牽引帶到墓場去。這妖怪從很早以前就出現在富山縣南礪市，當地向來習慣將青蛙和蛤蟆尊為神明，而這引魂蛤蟆似乎也被人們認定為神明。

大魚惡樓

大魚悪楼

這是奈良時代的史書《日本書紀》、《古事記》均有記載的惡神，是日本的古代幻獸。相傳從前日本武尊平定九州地方的熊襲以後，曾經在吉備國（現在的岡山縣）擊敗惡神，那惡神便是大魚惡樓。大魚惡樓體型龐大到能夠一口吞下一艘船，據說日本武尊當時就是站在這條大魚的背上揮劍除害。

祟物怪 たたりもっけ

祟物怪是種從夭折嬰兒口中生出的某種類似靈魂的東西。首先祟物怪會在山野間遊蕩，然後鑽進森林中的貓頭鷹身體裡面。貓頭鷹「咕——咕——」地叫，人們都說那就是嬰兒在哭泣，為此嬰兒夭折的人家都很保護重視貓頭鷹。祟物怪的故事尤以東北地區為多。

蝶化身

蝶化身

從前在山形縣的藏王山，有個旅途疲憊的旅行者發現了一戶人家，上前敲門要借個地方休息卻沒人回應。他直接打開大門入內，瞬間就僵住了。那屋竟然有成千上萬的蝴蝶在裡面。待大群蝴蝶嘩然飛散，原地卻留著一縷黑色長髮、一副白骨。後來聽別人說，屋裡住的是個愛蝶的女子，女子病死以後屍體長出蛆蟲，從而生出了無數的蝴蝶。原來是女子死而化蝶。

土蜘蛛
土蜘蛛

傳說從前平安時代，著名武將源賴光曾經一度罹病、頭痛發燒不止。延請祈禱師來治療，亦遲遲不見收效。某天夜裡，一名體型巨大的法師憑空出現在源賴光枕邊、擲出千縷絲線，源賴光睜開眼舉刀一個橫劈，果然劈中。眾人沿著血跡去找，找到了一座偌大的古塚，挖開古塚便見到一隻巨大的土蜘蛛。源賴光的怪病原來便是這妖怪在作祟。儘管土蜘蛛激烈抵抗，最終仍是力竭而亡。

槌蛇

槌蛇

這是種形狀像槌子的蛇，自古以來全國各地均有流傳。昭和40年代風靡一時的寬體蛇土龍，另外還有野槌（216）都與槌蛇屬於同類。另外富山縣還有種動作彷彿槌子滾下坡道的妖怪叫作「滾槌」，應當也跟槌蛇屬於同類才是。

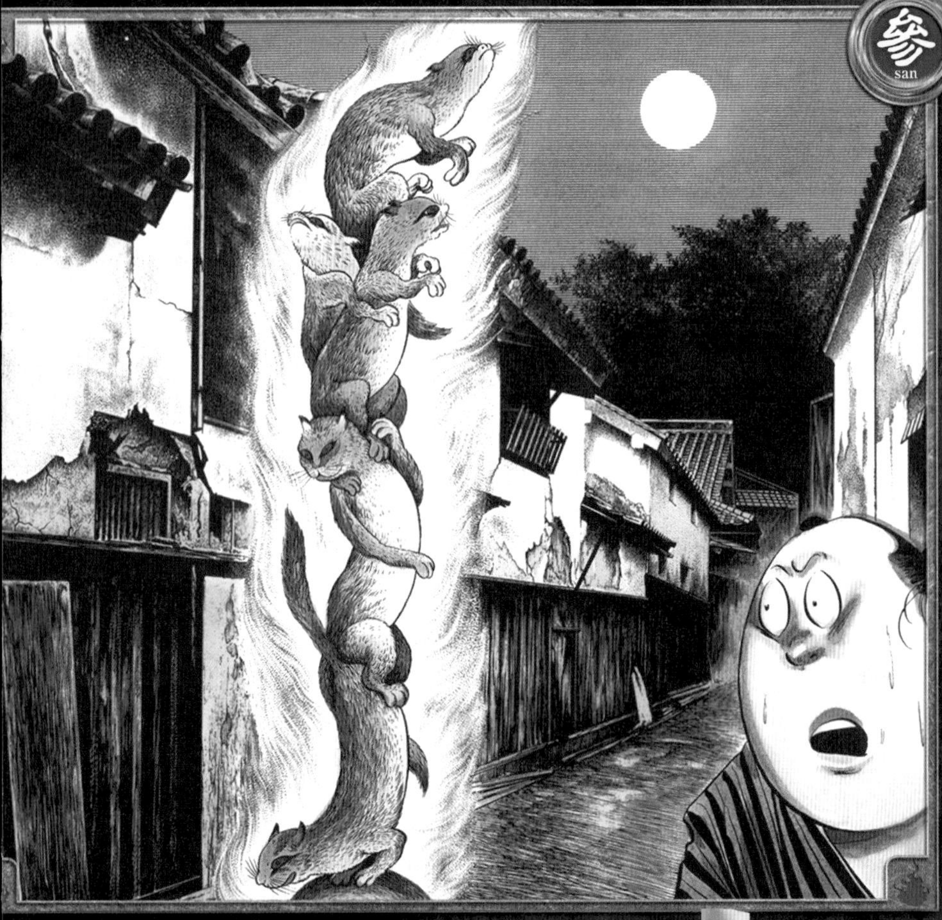

貂

貂

整體來說貂長得像鼬，只不過體型更大。人皆謂貂的出現非屬吉兆，譬如獵人就相信若被貂掠過跟前則當天恐將全無收獲。另外三重縣的伊賀地區也有句話說「狐者七變，狸者八變，貂者九變，恐怖也哉」。這就是在說貂能夠運用九種變化來誆騙人類，比狐狸、狸貓還要更加厲害。

土瓶神
土瓶神

這是種頸部帶有個黃色圈圈的蛇。土瓶神其實很小，大點的頂多也就筷子大小而已，小的則跟牙籤差不多。有些人會把土瓶神在大宅裡面放養，不過香川縣卻習慣將其養在瓶內，用酒和人類的食物來餵食。飼養此蛇能使家道興旺，相反地稍有怠慢卻也會得到相應的報應。

鵺
鵺

這是種頭像猿猴、身體像狸貓、尾巴像蛇、手腳像虎的怪物。傳說平安時代的武將源賴政曾經一箭射中躲在烏雲裡面的鵺、將其擊退。後來鵺輾轉流落到蘆屋浦（現在的兵庫縣蘆屋市），被封印在當地的土塚當中。其實鵺此字本指夜裡啼叫的鳥，這怪物是因為叫聲非常類似，遂得此名。

貓又

貓又

從前新潟縣某個武士家曾有不可思議的現象發生。每晚都有個鞠毬大小的火球出現，在疊蓆上方飄呀飄的飛來飛去。怪事還不止於此。某一天，家主赫然在庭院的樹上看見了一個頭戴紅巾的老貓在環顧四方。家主一箭射出，果然應聲命中。那貓把箭咬得支離破碎，然後才斷了氣。原來竟是隻全長1.5公尺、尾巴分作兩股的妖怪貓又。自此以後，就不再有奇怪的事情發生了。

白藏主

白藏主

從前山梨縣有個賣狐狸皮的男子名叫彌作，附近有個老狐狸因幼崽被彌作所殺、對彌作已經懷恨。狐狸先是化作彌作的伯父——法師白藏主的模樣，告誡他不得殺生，還拿錢叫他撤掉捕殺狐狸的陷阱。不想彌作食髓知味，一股腦地就知道找來討錢。後來狐狸殺死了白藏主自己頂替，還擔任住持長達50年之久，直到某日被狗咬死才曝露了身分。從此以後，人們便將狐狸變身化成的法師喚作白藏主。

妖鯨 化け鯨

從前在島根縣的隱岐島，每到夜裡就會有不可思議的鳥群和奇怪的魚群湧現來到海岸，其中便有隻只剩骨頭的巨大鯨魚，每當退潮時就會與其他怪魚一同往外海游去。據說附近曾有漁夫試著出船去獵鯨，可是即便魚叉擊中妖鯨仍是不痛不癢，漁夫們都說：「那肯定是頭妖怪鯨魚。」

參
san

波山
波山

這是種藏匿於深山竹林內、鮮少有人能夠目睹的妖怪。這妖怪長得就像是隻體型較大的雞，能夠吐火。波山入夜以後會飛出竹林，在民家周邊出沒。曾經有人聽見外頭有啪啪啪翅膀拍擊聲，打開門一看卻什麼都沒有，而且這樣的事情發生還不只一次。波山似乎並不會對人類造成什麼危害。

魃鬼
魃鬼

這是個長得非常奇怪的怪物。身長約60～90公分，兩眼長在頭頂。魃鬼速度極快，所到之處草木都要枯萎。倘能捉到魃鬼，必定要趕緊將魃鬼丟進濁水，如此便能殺死魃鬼、終結旱災。其實魃鬼便即所謂的旱魃神，唯「神」一此字通常有種與人為善的感覺，故而才另喚作「鬼」。

火玉
ヒザマ

火玉跟波山（220）同屬雞類妖怪，人們對這個來自鹿兒島縣沖永良部島的妖怪卻是畏懼非常。旬信火玉會躲在空瓶空桶裡面，所以島民通常會把這些容器倒蓋，否則就是將容器裝水。又說火災便是因火玉而起，家中但有火玉潛伏，都要立刻請巫女來舉行「驅逐火玉」的儀式。

狒狒
狒々

根據江戶時代的百科全書《和漢三才圖會》記載，狒狒身體漆黑有毛，奔速極快，見人就笑還會吃人。聽說有些狒狒體型可達3公尺以上，性情極為凶猛殘暴。記載狒狒為害然後將其驅除革殺的故事並不在少數，日本各地均有流傳。

比良夫貝

比良夫貝

猿田彥是《日本書紀》和《古事記》均有記載的日本神明。從前猿田彥出海捕魚、船隻駛到外海時，先是海面翻騰不止，隨即便見一隻帶毛的巨貝從海中撲將出來。猿田彥倉促拔劍卻砍了個空，船隻反被巨貝推翻、跌入海中。猿田彥好不容易才游回岸上，回頭再看卻已不見怪物蹤影。他把這事跟人說，才知道這怪物叫作比良夫貝，不時會浮出海面襲擊人類。

無耳豬
耳無豚

這是鹿兒島縣奄美大島的一種豬妖。若是追著要捉，無耳豬就會嚄嚄直叫滿地奔逃，數量還會不斷增生。無耳豬又會散發某種像是甲酚的惡臭，讓人根本無法忍受。無耳豬與單耳豬（186）有個相同點，那就是被無耳豬從胯下鑽過的人，靈魂就會被抽走。

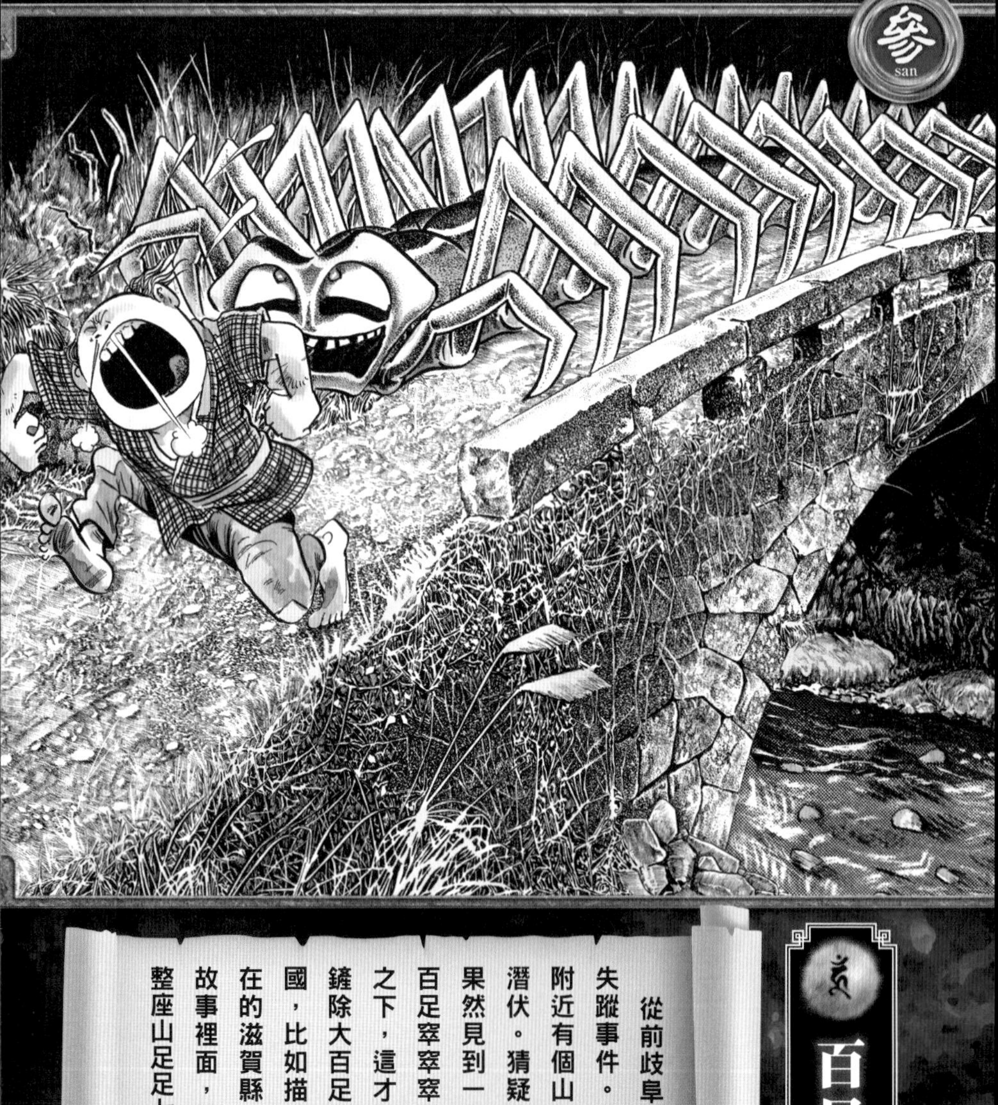

百足
百足

從前歧阜縣深山曾經多次發生離奇失蹤事件。經過村民調查發現，山腰附近有個山洞，洞裡似乎有什麼東西潛伏。猜疑間決定在洞口生火煙燻，果然見到一隻體長恐達數十公尺的大百足窣窣窣竄將出來。村民輪番圍攻之下，這才好不容易殺死了大百足。鏟除大百足的類似故事遍見於日本全國，比如描述俵藤太秀鄉在近江（現在的滋賀縣）三上山活躍事蹟的著名故事裡面，就曾經提到一隻可以環繞整座山足足七圈半的超巨大百足。

魍魎

魍魎

都說魍魎是山川木石的精靈，人們還相信魍魎是吃屍體的妖怪。其體型彷彿三、四歲的孩童，周身滿是蓬鬆軟毛，另有長耳朵是魍魎的最大特徵。魍魎特別愛吃死者的肝臟，自古以來便棲息在墓地周邊，但逢葬禮就經常要把屍體拖出棺來吃。

參
san

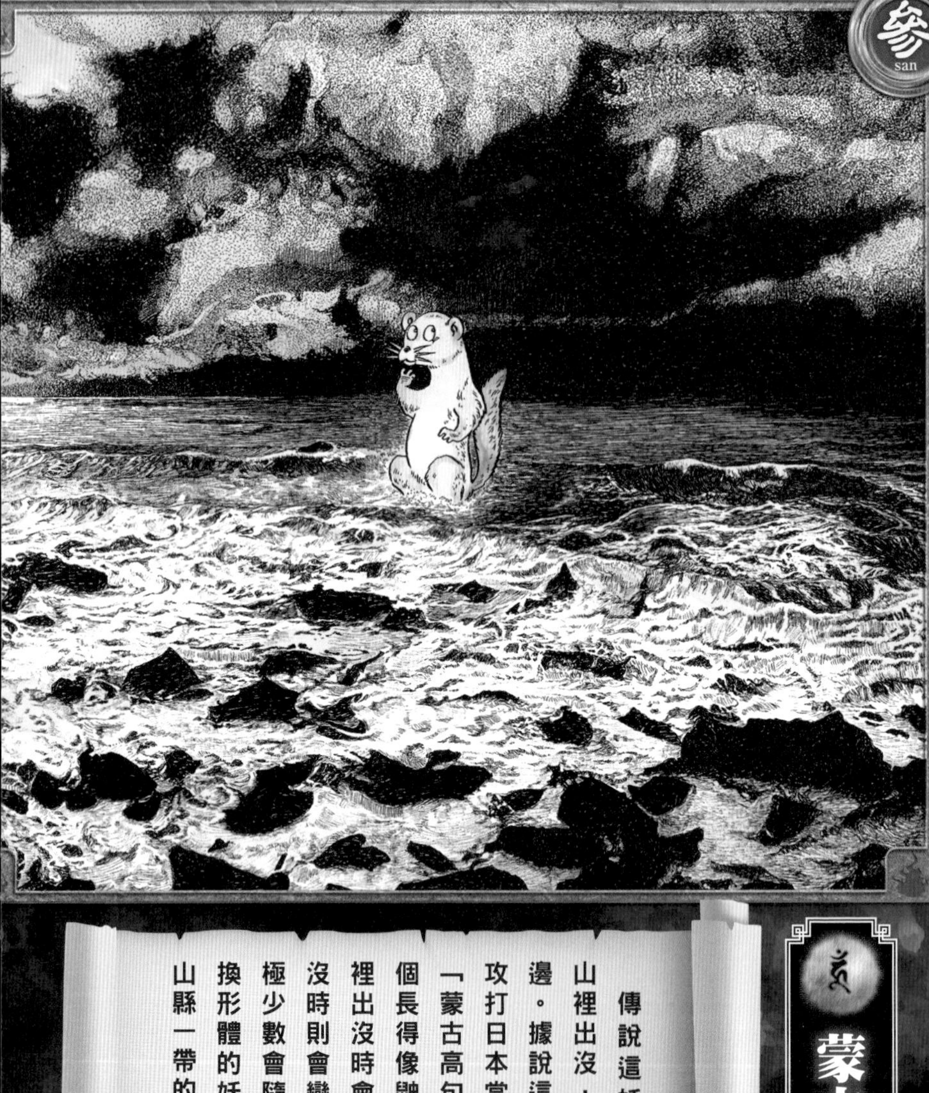

蒙古高句麗 モクリコクリ

傳說這妖怪每年3月3日會在山裡出沒，5月5日則是現身在海邊。據說這妖怪是鎌倉時代蒙古人攻打日本當時溺死者的亡靈，故作「蒙古高句麗」。蒙古高句麗本是個長得像鼬鼠的獸類，不過在麥田裡出沒時會變身成人類，在海中出沒時則會變身成水母的模樣，算是極少數會隨著出沒場所的不同而變換形體的妖怪。是主要流傳於和歌山縣一帶的妖怪。

野干

野干

一般都說野干是一種會附身於人體的狐狸，卻也有其他說法指野干是種模樣像狗、體型比狐狸更小、聲音像狼、尾粗擅長爬樹的生物。由於野干不時會襲擊吃人，由此看來應該是種有別於狐狸的生物。

參
san

野狐
野狐

野狐是九州一帶的一種會附身的妖怪，外表似鼬似鼠。熊本縣的天草一帶相信野狐附身能讓文盲懂得寫字，還能讓人變成富翁。不過野狐附身也並不全然都是好事，絕大多數疾病都是因野狐而起。長崎縣壱岐島還相信，身上的燒燙傷痕被野狐舔到就會暴斃，所以人們都會吃野狐最討厭的※鹽辛作為預防。

※鹽辛：日本與朝鮮半島流行的醃漬物，將魚蝦章魚等海鮮及其內臟，以醃、鹽、酒麴加上食材自帶微生物發酵製成。

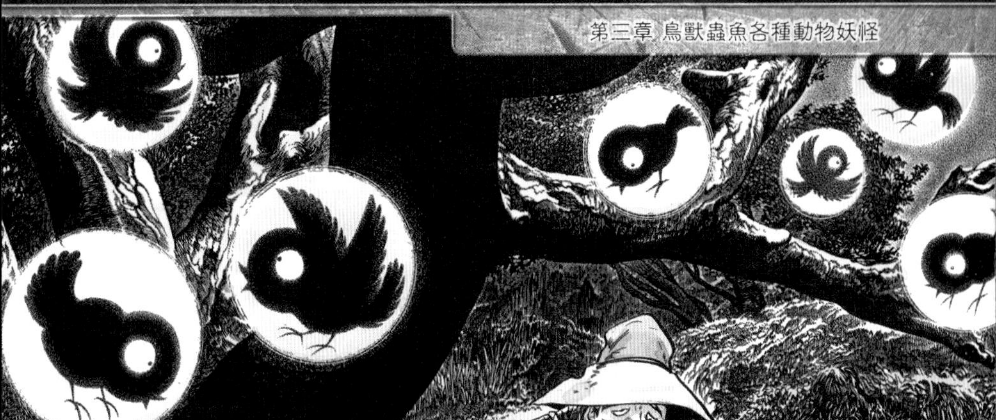

夜雀

夜雀

這是種帶著啁啾啼叫聲在夜裡現身的妖怪，專門出沒在山路行腳者的前後。和歌山縣有種叫作「雀送」的怪現象，每當夜雀「啾啾啾」跟在身後啼叫，就代表附近有野狼在伺機攻擊。

高知縣也說夜雀會跟在身後唧唧地叫，萬一被夜雀纏住則可以唱誦「唧唧啼鳥，伊勢神風吹去了」之類的咒語，便可安然無事。

雷獸

雷獸

這是種閃電打雷時會隨著落雷一同落到地面的妖怪，一般都說長得像狸貓或鼬鼠。江戶時代新潟縣曾有雷獸出現，那雷獸有兩隻前腳和四隻後腳，體長約1.8公尺；頭顱像山豬、利齒長牙，獸爪看似水晶，趾間有蹼可以撥水。江戶時代後期的隨筆集《甲子夜話》便曾記載到某人欲捕捉雷獸，結果反遭雷獸撕破臉頰的故事。

猥裸 わいら

猥裸是極少數有分公母的妖怪。都說公猥裸是土黃色，母猥裸則是赤紅色，上圖的應是公獸才是。這種妖怪只住在山裡，從來不到平地來。從前茨城縣有名醫生曾經目擊此妖怪，當時猥裸正在用前足的銳爪掘土、挖土撥鼠來吃。據說猥裸看起來長得跟犀牛有點像。

鰐鮫

鰐鮫

鱷魚和鯊魚都是會攻擊人類的生物，兩者一旦合體簡直可以說是人類的天敵。鰐鮫性情凶暴非常，水手討海人畏之極甚。傳說鰐鮫只消靠近船隻，船上就會有人生病，或是不慎落海被鰐鮫吃掉。傳說島根縣還另有個跟鰐鮫類似的妖怪，漁夫稱作「影鰐」。影鰐會趁漁夫影子落在海面時將其吃掉，此時漁夫就會彷彿失去靈魂般昏厥喪命。

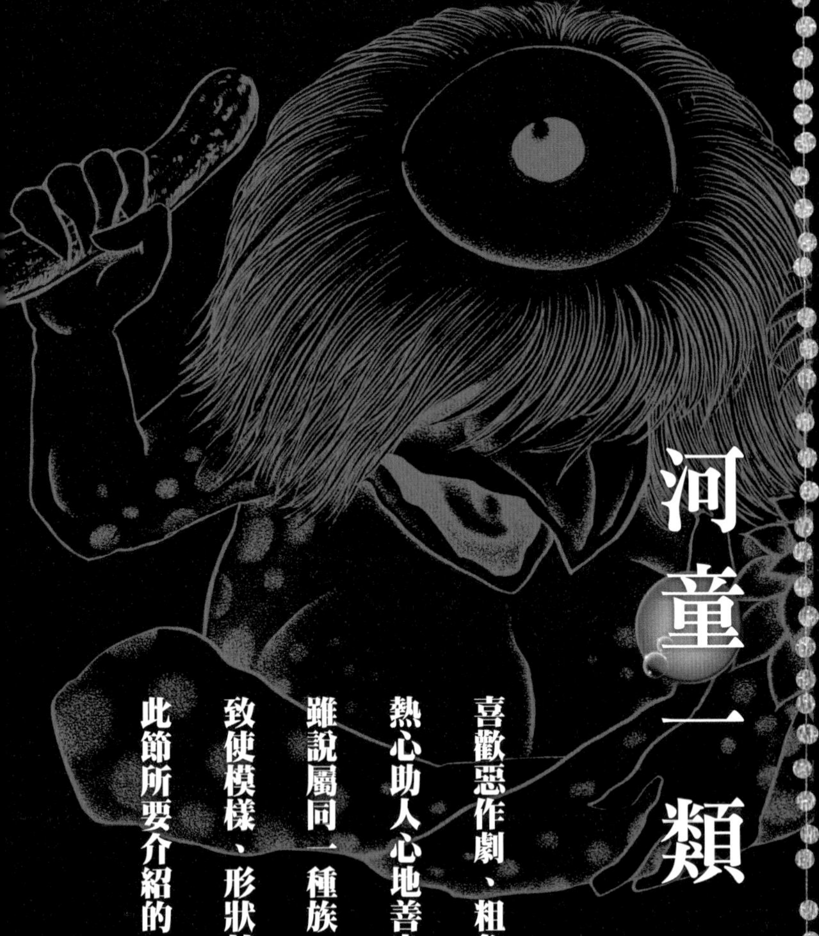

第三章　鳥獸蟲魚各種動物妖怪

河童一類

喜歡惡作劇、粗魯凶暴者固然有之
熱心助人心地善良的河童卻也不在少數
雖說屬同一種族，卻是因為棲息環境的差異
致使模樣、形狀甚至能力大不相同的神奇妖怪
此節所要介紹的，便是河童一類

天草的河童

天草の河童

此事發生在熊本縣的天草地區。一名男子拎著酒走在路上，卻被四、五隻河童給圍住了。「臭老頭，酒給我喝！」男子雖然拒絕可河童還是執意討要，男子遂提出明日到田裡幫自己插秧作為交換條件，河童欣然允諾，接過酒壺三、兩下就把酒喝乾了。隔天男子去到田裡，發現秧苗都已經插好，河童果然信守承諾。不過高興沒有難過的久，據說後來那男子又被河童捉弄了。

一目入道

一目入道

這是新潟縣佐渡島加茂湖的地主精靈，頭頂有顆大眼睛為其最大特徵。從前一目入道因為惡作劇被捕，當時他說「我願每日取魚掛在瑠璃鉤上相送，請饒我性命，事後須將魚鉤還我」，這才獲得饒恕。一目入道獲釋以後，果然每日捕魚掛在魚鉤上相送，直到某一天人類沒把魚鉤還給他，從此以後先不說再無魚獲相贈，一目入道還會在每年的1月15日襲擊打破約定的那戶人家。

海小僧

海小僧

從前從前，靜岡縣有個男子釣魚時魚線不知道纏到什麼東西，拉起來看竟然是個有瀏海的小僧，拉上岸以後還對自己報以微笑。另外岩手縣也有人通報曾經目擊到海裡有個渾身長毛、約莫三歲的孩童。以上兩者應該都是河童，河童當中似乎也有棲息於大海的種族。

猿猴 エンコウ

人們對河童的稱呼均是因地而異，此處所謂猿猴便是中國、四國地區對河童的稱謂。高知縣的南國市一帶至今仍會定期舉行猿猴祭，每年6月上旬都要在河邊搭起小小祭壇、供奉猿猴愛吃的小黃瓜等物，祈禱猿猴保佑不要發生溺水意外。

加遮慕 カシャボ

加遮慕看起來就是個六到七歲的青衣孩童，頭上頂著芥子坊主髮型（整顆頭剃光僅留下頂端頭髮），搖頭晃腦的時候會發出喀喳喀喳的聲音，此即加遮慕。加遮慕非常親人、不怕人類靠近，有時甚至還會故意丟石頭弄出聲響，好讓人知道自己來了。加遮慕並不會危害人類，倒是會做些把牛馬藏起來之類的惡作劇。

嗄卡帕 ガラッパ

這是棲息於鹿兒島奄美大島等南國島嶼的河童，身體纖細手長腳長。頭頂有盤皿，嘴邊時時掛著一串口水，味道非常腥臭。嗄卡帕經常幹些附身於闖山者之類的惡作劇，可千萬不能動氣說他的壞話。如果說他壞話的時候有穿鞋倒還不打緊，赤腳踩地則聲音會沿著地面傳到嗄卡帕耳裡，就會遭到報復。南方的河童還有個共通的特徵，那就是很會捕魚。

河主
カワエロ

這是潛伏於岐阜縣揖斐川週邊的河童。他在河裡面的時候絕對不會讓人看見，上岸時則是經常會化作猿猴的模樣，當地人就相信白臉黑眉毛的猴子大抵便是河主所化。聽說河主經常喜歡變化成人類想要的東西，藉機作弄他人。

川太郎
川太郎

岩手縣雫石川一帶多將河童稱作川太郎。川太郎很喜歡小孩，經常跟孩童玩相撲、追逐戰等，簡直就跟褓姆差不多。另一方面川太郎卻是最討厭大人，還經常叫孩子們不要跟大人提及自己。曾經有人打破這個規矩，據說當時川太郎非常生氣，大怒道：「竟敢這樣害我，等著吧，我去找人來報仇。」

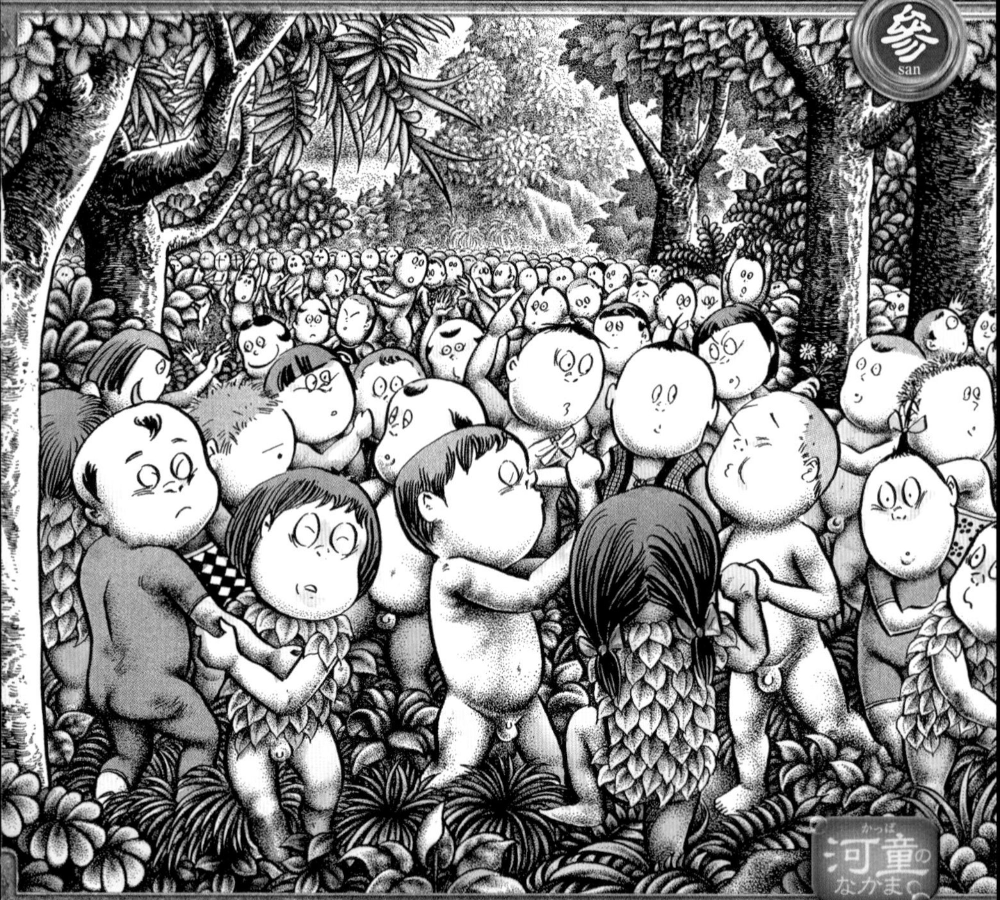

木之子 木の子

眾人皆知河童是河岸水邊的妖怪，但其實也有河童是住在山上的，比如木之子就是住在兵庫縣的山巒地帶，是種孩童模樣的妖怪。木之子身形看起來與三、四歲孩童無異，不穿衣服卻是以樹葉蔽體，也不知道是否因此才被人喚作木之子。其形體看起來如同影子、不甚清晰，一不小心便當就會被他偷吃。

水蝹
ケンモン

水蝹棲息於鹿兒島縣的奄美群島，他似乎跟喜如那（016）相當類似，都是住在榕樹林裡。水蝹瓜皮髮型頂端的盤子裡面裝的是油，每到夜裡就會點起盤中燈火來到海岸邊，把它打翻水蝹就會死亡。水蝹酷愛相撲，每次遇人就要與對方比個高下，不過就算相撲勝過水蝹也不會遭到報復。

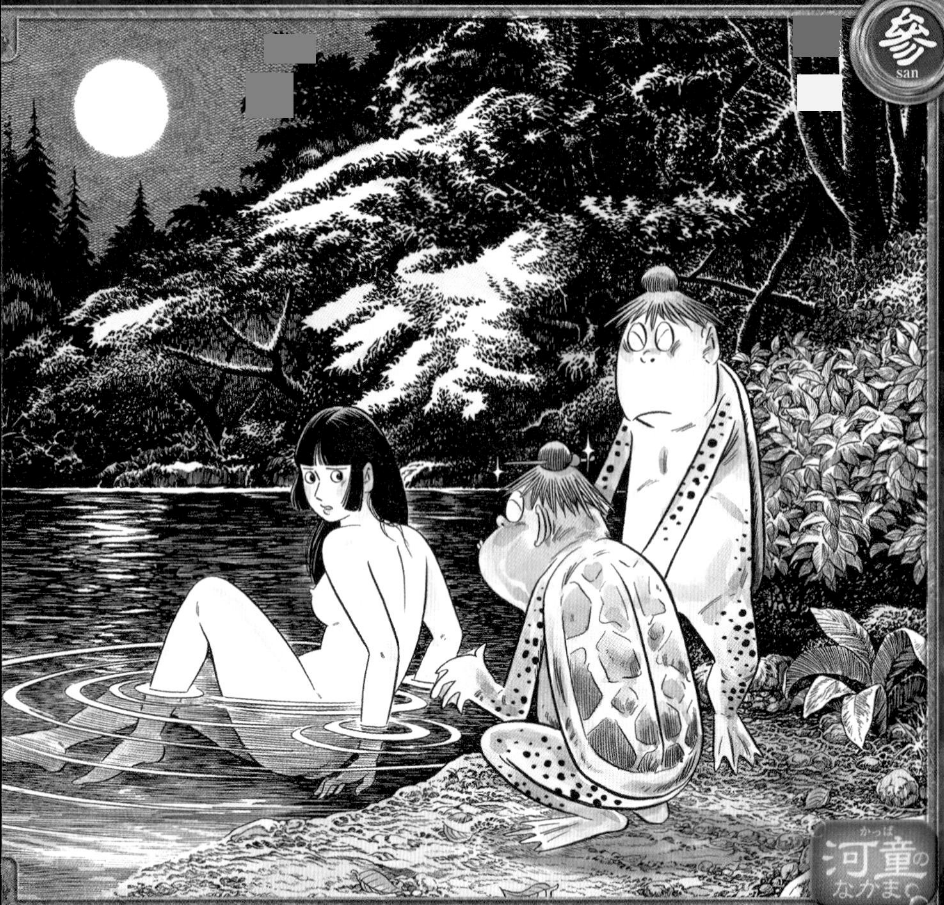

小法師

小法師

小法師是種出沒在近畿、東海地方等地海邊的河童妖怪。三重縣鳥羽市相信天王祭當天千萬不可下海游泳，否則就會被小法師拔走金寶（即尻子玉）而死。同屬三重縣的志摩市則稱其為「尻小法師」，尤以海女對其特別敬畏。

芝天 シバテン

亦稱「芝天狗」，是高知縣一種住在山裡的河童。這種河童身高約1公尺，全身有毛。芝天酷愛相撲，整天玩相撲也玩不膩，倒是苦了跟他相撲的對手。高知市一帶相信芝天會在農曆6月7日下到河裡去，變成猿猴（239）。

兵主衛
ひょうすえ

亦稱「兵主部」（ひょうすべ）。此名主要見載於九州的佐賀縣周邊，歷史也很是悠久。相傳從前奈良時代為促成春日神社這項大工程，曾經行使祕法將生命力灌注於人偶充作勞力，待神社完工以後人偶再無用處、被棄之河中，這才變成了河童攻擊人類。這河童後來是由職任兵部大輔的島田丸所平定，取意「兵部為其主人」，故喚作「兵主部」。

河童のなかま

啁尊寶 ヒョウズンボ

河童當中也有會飛行的種族，啁尊寶便是宮崎縣一種極罕見的河童。他們春天在河裡，入秋以後則是會遷徙移居到山中。他們通常都是在下雨的※彼岸日發出「啁啁」一的候鳥叫聲、成群結隊飛行，沿著溪流或是山脊稜線來往於山河之間。啁尊寶喜歡惡作劇，會去他們行經路線上的人家搗亂，擁有跟勢子（249）相同的習性。

※彼岸日：春分或秋分前後為期一周的時期，日本人都是這時掃墓，為已故親友祈求平安。

淵猿

淵猿

從前在廣島縣的深山裡曾有淵猿為亂。淵猿怪力可抵百人，無論人畜均深受其害，眾人正在束手無策，後來才請來一名叫作荒源三郎的武士來整治淵猿。武士起先選擇正面迎戰，很快便發現沒有勝算，於是決定改從淵猿的弱點下手，著眼在淵猿頭頂盤子裡面的水。源三郎偷到淵猿背後，捉住脖子便使盡吃奶的力氣左右搖晃，把盤子裡的水給晃蕩出來，使得淵猿瞬間疲軟脫力，從而一舉成擒。

布納嘎亞火 ブナガヤ火

布納嘎亞火是沖繩的著名妖怪，尤以帶有青色火焰而聞名，沖繩本島的大宜味村便有許多人都曾經目擊到那不可思議的火光。布納嘎亞火平時躲在水底，極難發現其蹤影。小孩到河邊玩耍時若是不慎踩到布納嘎亞火，身體該部位就會遭到報復燒傷，傷痕會腫起呈赤黑色甚至起水泡，不過只要唸咒文就能漸漸痊癒。

弁慶堀的河太郎

弁慶堀の河太郎

弁慶堀是江戶城外圍的護城河，而河太郎便是這護城河裡的河童。從前有個武士的僕從深夜走在弁慶堀邊，聽到有孩童的聲音從水裡傳來。往護城河裡面一看，這不是有個孩子衝著自己正在招手嗎？他趕緊伸手下去搭救，不想自己卻反而差點被拖下水去，好不容易拚命掙脫逃回家中，回過神來才發現自己渾身濕透而且惡臭難聞，據說那臭味怎麼洗都洗不掉。

冥初七 ミンツチ

北海道也有河童叫作冥初七。這種河童頭上有髮，看不到盤子或是盤裡的水。冥初七跟本州的河童同樣，經常會把人扯下水或是附身於人、幹各種惡作劇，有時卻也會幫助保護人類。還有人說冥初七掌管各種魚類，他們當然能讓人滿載而歸，相反卻也能讓人毫無收獲，可謂是種近乎水神的河童。

山童
山童

日本有不少地方都流傳相信河童會在入秋後移動到山裡，變成山童。這不單單只是名字的改變，就連性質、身體特徵也會產生變化，因此嚴格來說山童應該是完全不同的另一種妖怪。山童棲息於山中，是僅限定於秋天至春天這段期間的妖怪，經常會幫助人類勞作。想要拜託山童幫忙的時候，可以準備炒粉（拿稻米或麥子炒過磨成的粉）和御神酒供奉之。

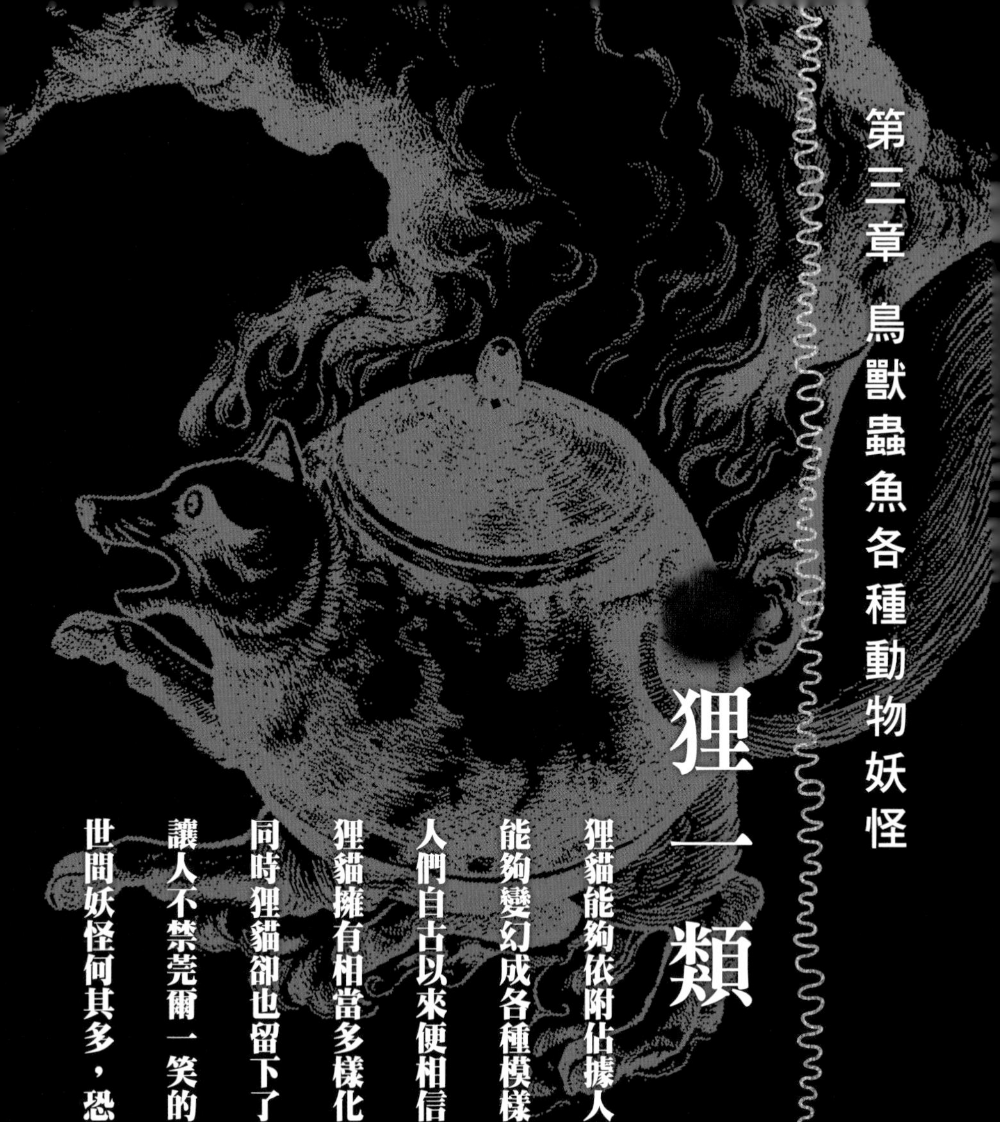

第三章 鳥獸蟲魚各種動物妖怪

狸一類

狸貓能夠依附佔據人體
能夠變幻成各種模樣
人們自古以來便相信
狸貓擁有相當多樣化的各種能力
同時狸貓卻也留下了許多
讓人不禁莞爾一笑的凸槌故事
世間妖怪何其多，恐怕也只有狸貓方得如此

纏足棉

足まがり

夜間行路，忽覺腳邊似乎有種像是棉花的東西纏住了腳。纏足棉是種妨礙行走的妖怪，而日語原名當中的「まがる」在方言裡面據說帶有「妨礙」之涵意。都說這是狸貓在作怪，根據曾經實際遭遇纏足棉的目擊者證言，伸手去捉那疑似棉花的東西，結果觸感卻像極了尾巴。日本各地多有妨礙人行走的妖怪傳說流傳，唯獨這個妖怪被指為是狸貓所為。

隱神刑部狸

隱神刑部狸

這是伊予（現在的愛媛縣）最具代表性的狸貓，據說手底下有多達八百零八隻狸貓小弟，故亦稱八百八狸。隱神刑部狸曾經企圖奪取松山城，是隻非常有名的大尾狸貓，不過後來計畫以失敗告終，隱神刑部狸就跟整群狸貓小弟一起被封印在洞窟裡，而該洞窟如今已經成了一座名叫山口靈神的神社。

大秃 大かむろ

遮雨用的雨戶木門傳來了聲響，打開門想要看個究竟，竟然蹦出一個顏面奇大無比的怪物！此即大秃，據說乃狸貓所化。雖然說從來沒人親眼看過此妖怪確是狸貓所變，但人們都說如此驚人的模樣，大概也就只有狸貓才變得出來了。

たぬき
狸のなかま

金長狸

金長狸

從前在德島縣的某個染布坊後面有個狸貓洞穴。官員催促染布坊主人趕緊把狸貓除掉，可性情敦厚的主人非但沒有下殺手，反而還每日餵食供養。如此這般，某天一名叫作萬吉的染匠對主人說道：「我叫作金長，今年就要２０６歲了。感謝你的救助，今後我會鼎力助你生意興隆，以報恩義。」原來這是有隻叫作金長的狸貓附身在萬吉的身上。據說後來萬吉成了一位著名的占卜師、醫師，而那隻狸貓正是著名的「阿波狸合戰」故事裡的主角金長狸。

竹切狸

竹切狸

暗夜竹林中，先是傳來喀喀喀砍伐細枝的聲音，下個瞬間聽見的卻是沙沙沙竹子整株傾倒的聲響。這麼晚誰在砍竹子？翌日清晨再去查看，卻遍尋不著任何伐竹的痕跡。這便是竹切狸幹的好事。狸貓不僅精於變化之術，也很擅長弄出各種怪聲。

狸囃子

狸囃子

深夜時分，不知從何處傳來太鼓的聲音，此現象喚作狸囃子。狸貓敲打肚子做鼓的狸囃子遍見於日本全國各地，僅以東京為例，便也有番町（千代田區）和本所（墨田區）都將狸囃子選進七大不可思議現象當中，為世人所廣知。狸囃子一說是狸貓為了化成人形所為，也有一說指純粹是為了好玩取樂。

狸傳膏

狸伝膏

從前某個士族家裡的廁所有怪物出沒，聽說上廁所時經常有隻長毛的手伸出來摸屁股。家主決意要整治怪物，某天晚上果然成功把那隻手給砍了下來。怪物扔下斷手逃去無蹤，於是家主便把那隻斷手給收了起來。奇怪的是，過不久家主竟然夢見狸貓哀求自己把斷手歸還。家主看那狸貓實在可憐便應允歸還，狸貓一個歡喜，將製作膏藥的方法傳授予家主便消失不見了。據說後來那個士族便將狸貓的祕藥命名為「狸傳膏」向世間販售。

獨眼狸

一つ目狸

曾經有種只有一隻眼、而且生氣時眼睛會愈變愈大的狸貓。獨眼狸酷愛嚇人，經常在夜裡埋伏等人經過。某天晚上第一個人走近過來，獨眼狸利用眼睛閃動的光芒很快就把人嚇跑了，第二個人卻渾不在意。於是獨眼狸又把眼睛變得跟整張臉一樣大，第二個人也被嚇跑了。第三個人是個盲人，獨眼狸的眼睛都已佔滿整張臉仍是無動於衷。這下子激得獨眼狸動了真格，終於眼睛噴飛出去、仰頭摔倒，腦袋要害受到重擊一命嗚呼了。

吊袋子
袋下げ

從前在長野縣大町市附近有個叫作吊袋子的妖怪出沒。據說人們穿過樹林的時候，會看見有個白色袋子突然吊下來，人們都說這是狸貓所為。另外在高知縣也有類似怪異發生，唯獨此地吊下來的是茶色的袋子而非白色，而此事究竟是何者所為至今仍然不得而知。

坊主狸

坊主狸

德島縣美馬郡有座橋名叫坊主橋，橋墩旁邊有片竹林，夜裡在那片竹林附近蹓躂就會被剪成坊主頭（光頭）。此事的犯人是隻狸貓，當地稱他叫作坊主狸。會把人剃成光頭的似乎並不僅限於狸貓，岡山縣便也有個名叫坊主狐的妖怪。

豆狸

豆狸

從前江戶時代有個叫作魯山的※俳諧師在宮崎縣結識了同好，他受邀來到對方家中，兩人就在八張疊蓆大的房間裡面展開了俳句的往來應酬。隨著詩興愈濃，魯山不慎把香煙煙灰落在疊蓆上，便見疊蓆整個掀飛、人也被拋得老遠，回過神才發現自己身處荒野。原來那同好其實竟是豆狸，那疊蓆則是豆狸的陰囊所化。那隻豆狸的陰囊竟有八張疊蓆那麼大，據說他下雨天出門打酒的時候還會把陰囊當雨傘使。

※俳諧師：俳諧是江戶時代流行的一種文學形式，全名為俳諧連歌，與正統的連歌不同，是種特別強調遊戲性的集團文藝活動。

茂林寺的茶壺

茂林寺の釜

從前上州館林（現在的群馬縣館林市）的茂林寺有個僧人名叫守鶴。守鶴有個珍藏的茶壺，是個無論如何汲取茶湯也不見乾涸的神奇茶壺。可是就在某一天，守鶴竟然忘了把尾巴給收好，被寺裡的小和尚給發現了。原來守鶴乃是狸貓所化，茶壺也是他用法術變出來的。民間故事《分福茶釜》便是根據這件事情改編而成的。

屋島阿禿
屋島の禿

以源平兩家※屋島合戰留名於史冊的讚岐（現在的香川縣）屋島，從前有隻叫作阿禿的老狸貓。據說阿禿曾經爬到樹上去眺望屋島之戰戰況，可見高齡幾何。他本是統率四國地區所有狸貓的老大，後來遭獵人擊斃，從此便轉而改採附身於人、借他人之口說話行事。據說江戶時代阿禿曾經附身於村裡第一美女的身上，不過當時倒也沒做什麼壞事。又說阿禿還曾經在後來的中日甲午戰爭和日俄戰爭當中率領小弟參戰、大為活躍，後來就不知去向了。

※屋島合戰：西元1185年，日本平安時代末期決定源平兩家命運的關鍵戰役。

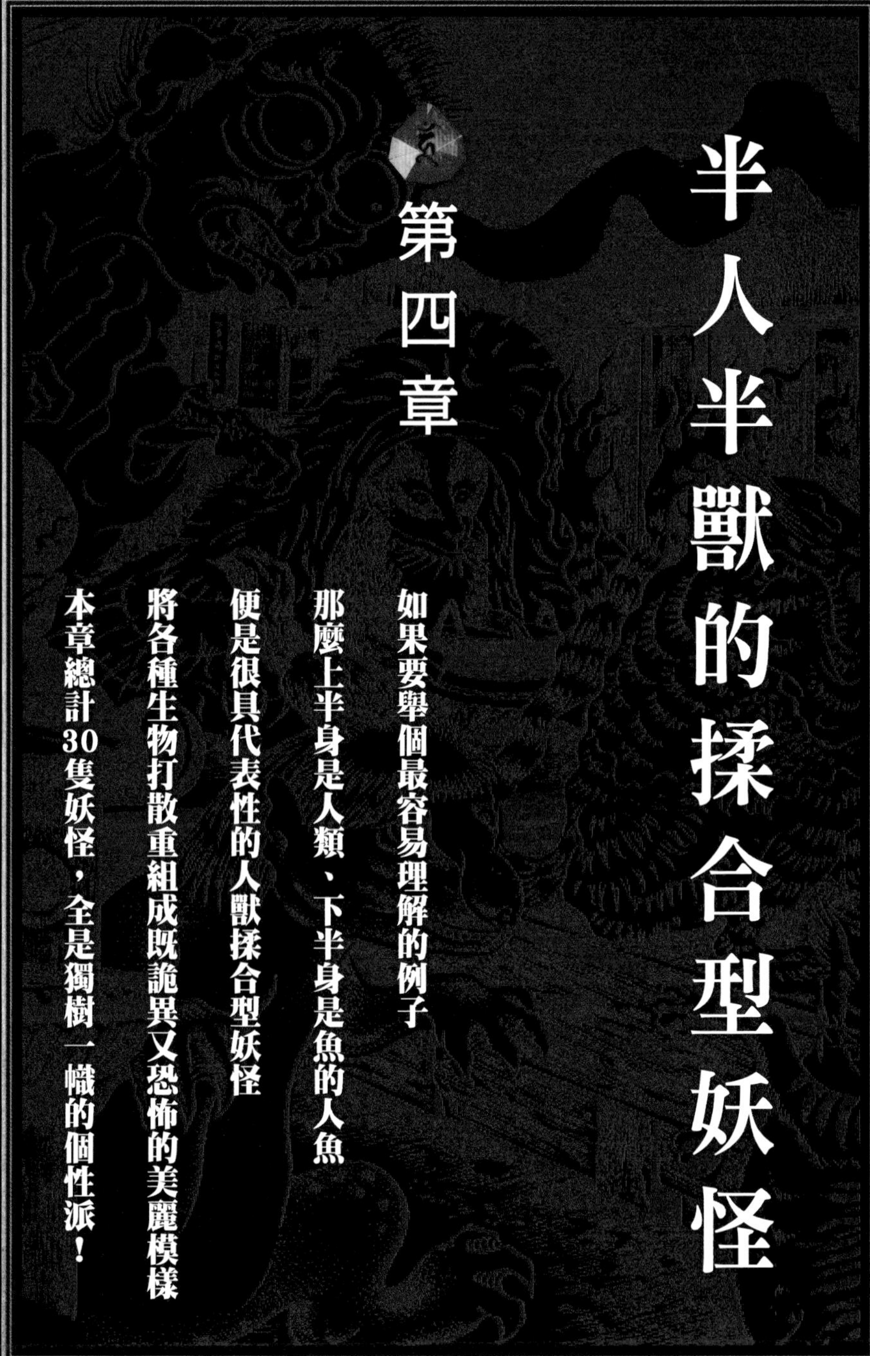

第四章 半人半獸的揉合型妖怪

如果要舉個最容易理解的例子
那麼上半身是人類、下半身是魚的人魚
便是很具代表性的人獸揉合型妖怪
將各種生物打散重組成既詭異又恐怖的美麗模樣
本章總計30隻妖怪，全是獨樹一幟的個性派！

天逆每

天逆每

這是江戶時代的書籍記載為「須佐之男命吐出體內獰猛之氣所形成的女神」，是個脾氣暴躁的女妖怪。天逆每的身體是人形、脖子以上卻像野獸，鼻子高聳耳長牙長。事態只要稍稍不遂己願就會發怒，不搞個天翻地覆就不甘心。天逆每的臉長得像天狗，性格則是跟事事都要跟人唱反調的天邪鬼一模一樣，簡直就像是這兩個妖怪的祖先。

阿瑪比埃 アマビエ

從前江戶時代，曾經多次有人通報在熊本縣的海上目擊到某種發光三物體。待官員趕到現場，竟然有個怪物從海中主動現身。這怪物看似人魚，實則卻是長髮鳥喙。不久那怪物還開口說話道：「我的名字叫作阿瑪比埃。我預言今後將有連續六年的豐收。萬一遭遇疫情，可以把我的畫像傳予眾人。」阿瑪比埃留下預言便即回到大海去了。基本上可以說是庫塔白（194）的海系妖怪版本。

肆

shi

甘繭剝 アマメハギ

這是石川縣能登半島一種半妖怪半天使的怪物。此處所謂的繭指的其實便是手腳等處長的繭，而老是把腳跨在圍爐裏或火盆磨出來的「火繭」乃是證明此人是個懶惰鬼的最好證據。甘繭剝會在每年除夕夜出來剝除「火繭」，藉以勸誡人們不可懶惰。如此富有教育意義的妖怪，自然是家家戶戶都張開雙手歡迎，還會準備甜酒等物招待之。

磯女
磯女

日本各地不乏有出沒在海岸的女妖，但唯獨九州地區的海邊女妖才被稱作磯女，而且論性格之凶暴也是以九州磯女為最。相傳長崎縣的磯女會襲擊船隻，而熊本縣的磯女則是會潛入船中吸人鮮血，至於被吸血的受害者自然是小命不保。鹿兒島縣同樣也有類似磯女出沒，不同的是此地的磯女據說是名絕世美女。

一本多陀羅

一本ダタラ

冬日走在橫跨和歌山與三重兩縣的熊野地區，有時會發現雪地留有寬約30公分左右的腳印，而且這腳印還不是兩隻腳，而是只有一隻。其實這是妖怪一本多陀羅的足跡。一本多陀羅獨眼獨腳的長相特別詭異，看起來似人似獸卻又非人非獸。

岩魚坊主

岩魚坊主

這是種活了許多年的※岩魚化成僧人模樣的妖怪。根據傳說記載，從前某個村子的村民在河中放毒捕魚，當時便有名僧人出現告誡不得殺生。村民見那僧人遲遲沒有離開，於是便拿糯米糰遞將過去，僧人津津有味的吃完以後才消失不見。村民接著捕魚，不久便看到有隻差不多成年人大小的巨大岩魚浮出河面，村民歡歡喜喜把魚扛回家、剖開魚肚，便見到他請僧人吃的那顆糯米糰從魚肚裡面滾了出來。聽說後來就再也沒人敢提說要吃那條魚。

※岩魚：鮭科魚類的一個屬，日語稱岩魚，中文稱作紅點鮭。

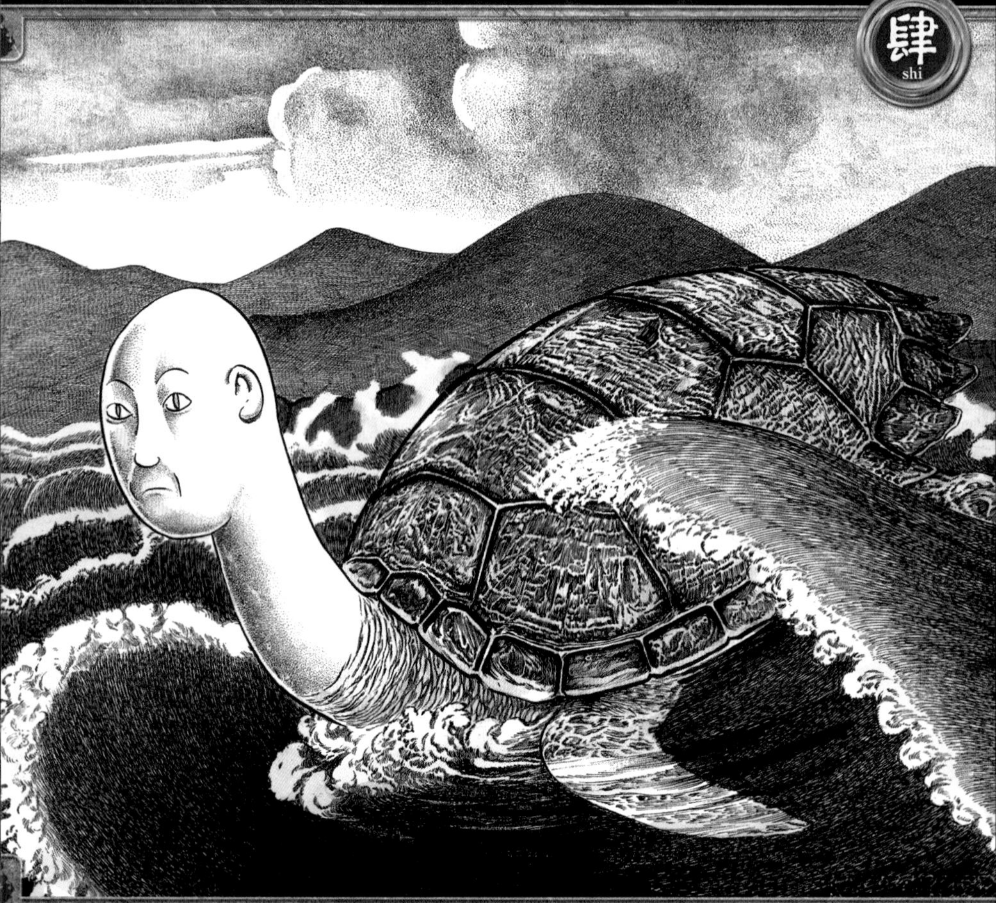

海和尚

海和尚

根據江戶時代的《和漢三才圖會》記載，海和尚的身體是龜或鱉的模樣，體型大的可達六尺（1.8公尺）。海和尚與海坊主（009）似屬同類，遭遇海和尚恐將有不幸發生。根據某個曾經捕獲海和尚的漁夫說法，海和尚曾經在自己要將其屠殺時雙手抱合、流淚討饒，於是他便對海和尚說道：「今後不阻礙我打漁，我便饒了你！」便見海和尚朝著西方仰望天空，這大概便是海和尚在說「我答應你」吧。

海女房

海女房

此事發生在某個出海捕鯖魚滿載而歸、氣氛正熱烈的漁夫家中。漁夫將魚獲放進木桶加鹽、桶蓋覆以沉重石塊以利醃漬，卻見一名女妖怪帶領幾個小妖怪走進屋來，輕而易舉便把石塊推開、大口大口嚼將起來。那妖怪本來還喃喃唸叨：「那老頭人呢？我要吃他來換換口味。」後來不知道是不是吃飽了，直接拍拍屁股就走了。這是個性情凶惡不下於磯女（277）的女妖怪。

於菊蟲

於菊虫

死於非命的女性亡靈依附蟲隻所形成的妖怪。因為兵庫縣著名的怪談「播州皿屋敷」曾經描述到阿菊投井後有大量蟲隻從井中湧現，故這蟲就被命名為「於菊蟲」，人們都說那蟲身上帶著阿菊的怨念，一時蔚為話題。另外奈良縣也有個叫作阿菊的姑娘以盜米罪名被殺，從此當地每逢春天就會有種會發光的蟲子出現。據說上述兩種蟲子的外形均帶有某種類似人類的特徵，非常令人害怕。

海人
海人

江戶時代有部記錄長崎體驗的作品《長崎見聞錄》曾經描述到某種棲息海中的妖怪。這妖怪全身皮肉鬆弛下垂，看起來活像穿了件寬鬆的衣服。外形整體看起來倒還像是人類的模樣，手腳有蹼。雖然屬於海洋生物，但據說這妖怪上到陸地數日倒也不至於死亡。

鴉天狗

烏天狗

所謂鴉天狗就是種軀體像人卻長有翅膀，顏面手腳亦呈鳥形的天狗。鴉天狗極擅劍術，是故經常手握刀槍。

愛媛縣有則故事是這麼說的。從前當地有個人帶著孩子攀登西日本的最高峰石鎚山，稍不注意孩子就走丟了，急忙找人來協尋卻怎麼也找不到。筋疲力盡回到家

裡，孩子不正在家裡嗎？一問之下，孩子說自己跑到山頂祠廟後面去小便，來了一名黑臉漢子對自己說：「不可以在這裡小便。叔叔送你回家，眼睛閉起來。」孩子依言而行，下一秒就回到家中了。此事便即鴉天狗所為，而操縱時間和空間乃是天狗的其中一個能力。

清姬
清姬

從前有個叫作安珍的俊美修行僧，熊野驛站有個少女清姬對這安珍愛慕不已、百般追求，安珍卻不理睬、想方設法都要把清姬甩掉。清姬緊追不捨之間，瘋狂的愛慕一點一點轉變為憤怒，使得清姬的身體逐漸變成了一條大蛇。感到性命安全受到威脅的安珍一路逃到了道成寺、躲進了寺裡的大吊鐘，誰知道變成蛇體的清姬緊追而來、蛇身緊緊箍住吊鐘圍了整整七圈，最後終於被狂戀卻不可得的焦燥之火給燒成灰燼了。

縊鬼
くびれ鬼

所謂「縊」就是「絞首殺人」的意思。這縊鬼會附身於人、讓人想要絞首自殺，而且未見付諸實行也不輕易離開。旬信縊鬼是墜河死者的亡靈，走在河邊忽然沒來由的想要跳河自殺，也都說是縊鬼在作祟。

久羅蟲 くら虫

久羅蟲乃人面蛇身，不過仔細看就會發現他身上有毛。這是個江戶時代便已流傳的妖怪，經常躲藏在草原等處、露出牙齒，伺機襲擊路過的行人。或許有人會覺得明明是蛇為何叫蟲，其實從前人們會把蛇叫作「長蟲」，久羅蟲此名很可能便是由此而來。若是放在現代，大概會稱其為「人面蛇」吧。

木葉天狗

木葉天狗

別名「境鳥」。木葉天狗有個偌大的鳥喙，其餘五官則大致與人類類似，眼睛長在正面。雙手雙腳也像人有五手指頭，不過肩膀後方卻有大大的翅膀，屁股則有尾羽。與同種族的「鴉天狗」（284）相較之下，木葉天狗更接近於人形一些。

海螺鬼
さざえ鬼

壽命超過30年的海螺所化妖怪。一般都說海螺壽命不過8年，活超過30歲那可以說是長壽了。只要歲數一長，似乎什麼東西都會變成妖怪。此妖顏面是海螺，卻有身體手足。海螺鬼平常躲在深海並不出沒，只在月夜浮出海面來跳舞。

覺
さとり

據說在富士山山腳的森林裡面，有種能夠猜中他人心思的魔物「覺」。從前有個樵夫遭遇到這個妖怪，心中所想也一一被覺看破。樵夫已然放棄想說由它去吧、自顧自地伐木砍柴，飛散的碎片竟然刺中了妖怪的眼睛，妖怪只撇下一句「無意之舉比有意為之恐怖多了」便逃之夭夭了。看來這妖怪對偶然或意料外之事沒什麼抵抗力。

吒
ザン

從前沖繩縣仍然叫作琉球王國的時代，石垣島有三個漁夫捉到了一隻下半身是魚、上半身是美女的妖怪叫作吒。見吒淚眼汪汪苦苦哀求，漁夫決定放她回到大海。為報答饒命之恩，吒告訴漁夫不久將有海嘯來襲，然後就消失在海中了。三名漁夫回到村裡把海嘯的消息告訴眾人，卻是沒有人願意相信。某一天，果然有高聳如牆的大海嘯來襲、把全村都給滅了，那次的海嘯便是1771年的明和大海嘯。

神社姬
神社姬

從前有個名叫八兵衛的漁夫遇到一個形體特異的怪物，那怪物體型龐大、約達六公尺，長著一副女人臉龐、頭生雙角，脖子以下則是魚身。那怪物用沉重的口吻預言說道，往後七年將會是連年豐登，可是隨後將會有種叫作虎狼痢的疾病流行。「把我的模樣畫成圖畫廣為發派，便能消災避難。」據說這神社姬雖然長相可怕，實際上卻是來自龍宮的使者，是跟阿瑪比埃（275）提出類似預言的妖怪。

肆 shi

空神

空神

紀州地方（和歌山縣．三重縣）將天狗稱作空神。此地有則故事是這麼說的：有名男子跟妻子吵架、離家出走的時候，被一個山伏打扮的空神給背著飛走了；三天後男子回到家裡，無論妻子問什麼他都拒不回答說是「會觸怒空神大人」。從那以後，男子還會不時仰望天空口稱「空神大人降臨啦」伏地而拜，可是其他人卻是什麼都看不見。

斷崖女妖

ダキ

這是佐賀縣加唐島的女妖怪。

從前有個漁夫帶著兩個孩子出海捕魚，忽然有名陌生女子來討要魚獲。漁夫察覺那女子有種非比尋常的感覺，於是遂假意要孩子進船裡取魚，其實船裡面並沒有魚。孩子回來說是找不到魚，漁夫又假意要自己去找、腳才剛踏上船，趕緊就起錨開拔往外海逃去。據說當時那女人在後面忿忿罵道：「哎呀！沒能取他性命！」此即斷崖女妖，是個時時刻刻要取人性命的恐怖女妖怪。

肆
shi

天井嘗
天井なめ

這種妖怪會幫忙把平常不容易打掃的天花板給舔乾淨……可別這麼想，相反地天井嘗舔過的天花板反而會留下骯髒的污漬。天井嘗都是選在四下無人的時候才跑出來伸長舌頭到處舔。而且他不只舌頭長，手腳也長。如果天花板有污漬的話，八成就是有天井嘗妖怪在附近。

苦笑

苦笑

此妖樣貌非獸非人極其怪異，只消看過一次就不會忘記。據說苦笑這個妖怪都是當人們在內心其實不想笑卻不得不笑的時候，或是心中不快的時候才會出現，然後說些惹人嫌惡或毒舌的話故意讓人討厭自己，看起來苦笑似乎很喜歡這樣惹人討厭。人說苦笑的手上有毒，菜肴料理被他碰到就會變得很難吃。一舉一動所作所為都讓人摸不著頭腦，實在是個不可思議的妖怪。

人魚
人魚

半人半魚的神話生物。西洋的人魚無一不是美女模樣、有各種美麗浪漫的傳說，這廂日本的人魚卻是與西洋大相逕庭。倘若綜合自古至今各種文獻的記載，就會拼湊出某種嘴巴如猿猴般突出、口中長著魚類細小牙齒而鱗片帶有金色光芒的人魚形象。還有說法指人魚不會說話，身體帶有異香、肉質鮮甜可口，以上特徵可以說是日本人魚所獨有。

濡女
濡れ女

這是個出沒在新潟縣與福島縣邊境河川的恐怖妖怪。從前有人看見一名女子在河流分成三股的中洲洗頭。如此荒僻之地怎會有人？好奇心驅使之下，幾艘小船趨前欲一探究竟，一旦察覺「那是濡女！」便趕緊立刻折返。其中有艘船特別不信邪還是把船撐了過去，過沒多久就聽到極其淒厲的慘叫聲傳來。

從前人們都說濡女的尾巴長達3町（約327公尺），只要被她發現就絕對無法逃脫生還。

魃

魃

引發乾旱的妖怪。魃住在險峻深山裡，顏面看起來雖有幾分像人，身體卻完全是野獸的胴體。魃只有單手單腳，跑起來卻跟風一樣快。這個妖怪一旦出現，老天就不會下雨，另外捉到魃的時候最好把他丟進混濁的水中，這些特點都跟魃鬼（221）完全相同。

袋貉

袋貉

袋貉恰如其名，是隻背著偌大布袋的貉妖。鳥山石燕所繪妖怪畫集《百器徒然袋》也有畫到這隻妖怪，其中袋貉的顏面乃作女性樣貌。江戶時代的小偷盜賊通常都是用布袋扛著贓物逃跑，再看看袋貉的形象，想必便是由此而來。

山爺

山爺

這是種出沒在高知縣深山裡的妖怪。山爺獨眼獨腳，總是穿著一套類似蓑衣的服裝。人們都說山爺像人，可是山爺全身卻又長滿了灰色短毛，大大的眼睛炯炯發光。又有人說山爺的牙齒異常強韌，啃咬猿猴頭骨就像是在啃蘿蔔似地，非常恐怖。興許是因為這個緣故，就連野狼都對山爺避之唯恐不及。聽說獵人在山中小屋過夜時，經常都要在小屋周圍擺放獸骨，以免獵得的獸皮被山爺奪走。

肆 shi

山天狗

山天狗

人在山中經常都會遇到些怪事，諸如深夜莫名傳來砍伐樹木的聲音，沒有風吹屋子卻震震不止。神奈川縣的津久井郡（現在的相模原市）便將此類深山異事，全部歸咎為山天狗所為。有人說只要獵槍開個三槍就會安然無事，不過當地人素來將山天狗奉為山神，所以從來沒人試過這個方法。

若狹的人魚

若狹の人魚

從前若狹（現在的福井縣）有個漁夫捉到一隻怪魚，還召集眾人要殺來一起吃，一看那竟是隻人面魚，眾人害怕遭到報應、沒人敢吃。誰知道其中有個男子，不小心把魚肉帶回家、被女兒吃掉了。後來那女孩雖然年歲逐漸增長，容貌卻是從無改變，最後出家為尼活到了808歲。這便是著名的八百比丘尼傳說，那女孩當初所吃的正是若狹的人魚。

百年成精橫生意志的器物妖怪

第五章

即便是器物和道具
百年以後也要成精、生出自我意志
白話來說就是妖怪化
此即所謂「付喪神」
此章收錄總共19隻令人深感歲月漫漫的各種妖怪

鐙口

鐙口

所謂的鐙，就是武將騎馬時腳下踩踏的金屬馬具，而鐙口妖怪便是由這馬鐙所化。一旦武將戰死，鐙就會被棄之荒野，年復一年最終變成鐙口，痴痴等待著早已成為不歸人的主人回來。

雲外鏡

雲外鏡

諸多器物蘊化的各種靈當中，最早為人所知的當屬鏡子之靈。圓鏡先是形狀就容易使人連想到太陽月亮，再者也有人說圓鏡本身便是靈魂的體現，總是讓人覺得非常神祕。中國古籍也有記載許多鏡子的故事，諸如取水晶盆裝水形成一面鏡子，然後在上面描繪怪物，就果真會有怪物棲於其中。鏡子此物本來就多有此類怪事奇譚，所以也才會有鏡子化作妖怪、夜深人靜時才會現出真面目的雲外鏡誕生。

襟立衣

襟立衣

襟立衣是高僧穿的衣服，衣襟部分特別突出高聳到足以遮住後腦杓，是種非常獨特的層疊式衣著。圖畫中看起來像是鼻子的部分，便是衣襟。根據畫下這隻妖怪的畫家鳥山石燕的說法，這件襟立衣乃是鞍馬山的僧正坊之物。僧正坊素以最具代表性的大天狗為世所知，既是如此大人物穿的衣服，那麼襟立衣肯定也擁有相當程度的神力。這神力憑附的襟立衣，或許也可以看作是依附靈的一種。

笈妖

笈の化物

所謂笈就是指一種山伏等修行僧經常背在身後、底下有四支腳的箱子。此物老舊以後變成妖怪，就叫笈妖。從前足利直義的宅邸便曾有笈妖出沒；那笈妖胴體仍是笈的形體，頂端長了顆看似山伏的頭顱，底下的腳卻長得活像鳥的足肢。傳說那笈妖嘴裡銜著一柄斷刃，還能噴火。

朧車

朧車

這是從前曾經在京都出沒的一種形體迥異的妖怪，是牛車後方長著一顆大頭的奇怪模樣。有人說人們參加祭典時經常會爭搶停放牛車的停車格，而這朧車便是搶輸者的怨念所生。鳥山石燕的《今昔百鬼拾遺》也有畫到這個妖怪。

伍 go

金槌坊

金槌坊

這是熊本縣松本家家傳《百鬼夜行繪卷》所繪妖怪，其中只畫到這妖怪面孔活像烏鴉，雙手高舉鐵鎚正要揮下的模樣，並無其他說明。可以想像這恐怕是種依附於器物的妖怪，所以與其說是「妖怪拿著鐵鎚」，或許反倒該說「鐵鎚本身便是妖怪」才對。

瓶長

瓶長

這是種靈依附水瓶形成的妖怪。妖怪畫家鳥山石燕曾經留下記載曰：「這是個無論怎麼汲取都源源不絕、永不乾涸的幸福水瓶。」付喪神當中有許多懷恨含怨的妖怪，反倒是能為人們帶來幸福的付喪神卻很罕見。當然除瓶長以外也還另有油瓶變化成的妖怪，不過這個瓶妖卻會占據人體、殺死宿主。

伍
go

鞍野郎

鞍野郎

從前源義朝的家臣鎌田正清遭長田忠致背叛暗殺、懷恨而終，當時那股極強大的恨意便轉移到了馬鞍之上，此即鞍野郎。鞍野郎用那看起來像手的東西拿著竹子，隨時採取備戰姿勢而無絲毫鬆懈。武具武將雖是一體同命，可是人死物留，這也正是為何會有這種妖怪誕生的緣故。

白容裔

白容裔

或灰塵堆積而發霉發酵，接著還會產生惡臭，這時就會生出一種叫作白容裔的妖怪。一旦有人經過，白容裔就會用黏答答的身體撲將上去、緊緊巴住嘴巴和脖子等處，那種極其強烈的惡臭和噁心的感覺，就算是成年人也會昏死過去。

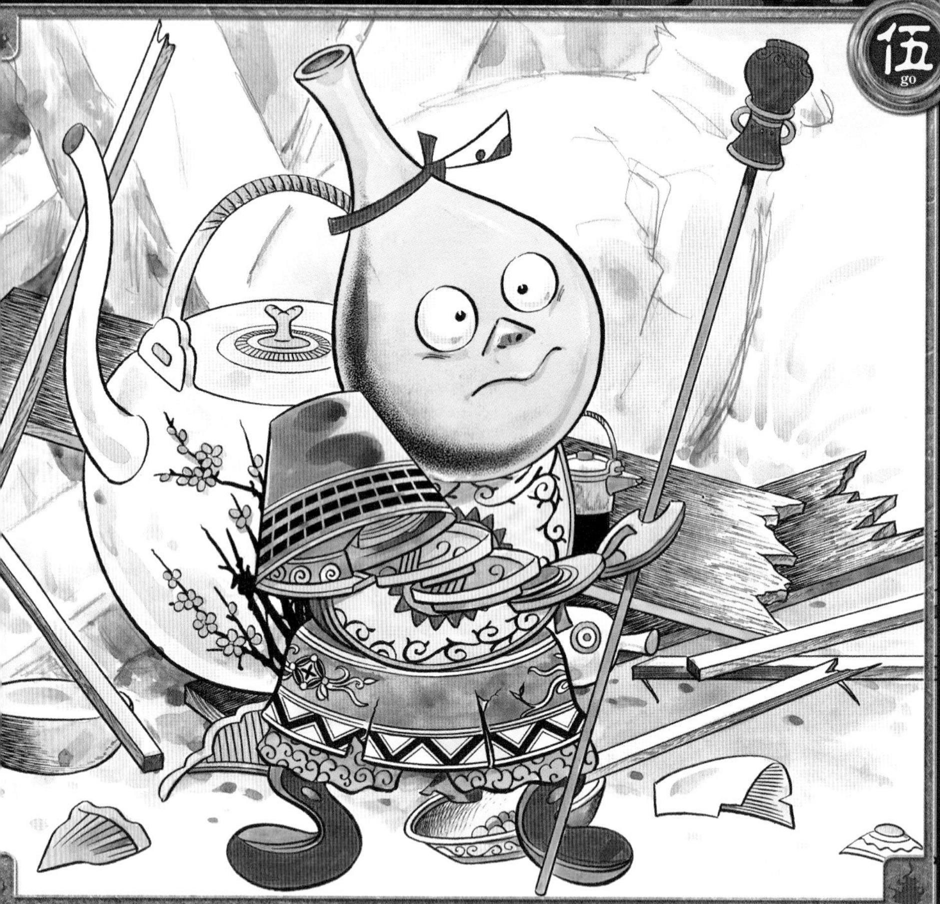

瀨戶大將
瀬戸大将

酒瓶作頭、背著燗鍋（溫酒用的鍋子），全身由瀨戶物陶瓷器組成的妖怪。表情看起來雖然脫線脫線，但其實瀨戶大將可是個相當好鬥的武鬥派，曾經跟佐賀縣的唐津燒陶器大打出手，這也是為何瀨戶大將總是長槍甲冑不離身。也正因為他在對唐津燒的一戰當中勝出了，所以瀨戶物如今才會成為日本陶瓷器的主流。

角盥漱（角盥漱）

角盥是種形狀極富特色，帶有短柄如角的一種小型洗臉道具。用來漱口的角盥，便稱角盥漱。

從前平安時代有所謂的※六歌仙，傳說其中的大友黑主某次偷聽到對手小野小町創作的和歌，便將其寫在草紙上假為自身所作。小町為證明和歌乃自己創作，便將草紙放進自己的角盥漱裡面去洗，果然文字悉數消失，從而揭開了大友黑主的謊言。人們都說想來應是小町的意念轉移到了角盥漱之上，方得如此。

※六歌仙：日本歌人．隨筆家紀貫之在〈古今和歌集假名序〉中列舉的六位近世的有名歌人，後世稱作六歌仙。

乳鉢坊與葫蘆小僧

乳鉢坊と瓢箪小僧

這兩個是鳥山石燕《百器徒然袋》裡面畫到的兩隻妖怪，看起來像是在膜拜什麼東西。後面那個頂著個大鈸的是乳鉢坊；一般乳鉢指的是用來磨藥的研磨缽，此處卻不知為何將其畫成了銅鈸這種打擊樂器的妖怪。前方的葫蘆小僧也是個妖怪，其實人們本來就相信葫蘆裡面藏有精靈。妖怪當中不乏有這種經常兩兩成雙出現的，可是為何是這兩個配成一對的理由，卻是不得而知。

伍 go

如意自在
如意自在

所謂「如意」是一種僧侶在舉行法會、讀經的時候所使用的佛具，形狀類似撓背用的「不求人」，而且實際上也確實會作撓背抓癢的道具使用。而如意自在這個妖怪，也是個能夠確實起到「不求人」止癢效用的付喪神，只不過如意自在的爪子非常銳利，須得小心使用否則就會被抓得滿身是傷。

古空穗

古空穗

這個形狀看起來非常陌生，這也難怪，其實空穗就是種武士用來存放箭矢的容器，在底下有個用來抽取、存放箭矢的開口。一般空穗多是竹製品塗漆製成，有些比較講究的則是會貼上獸皮作為裝飾。據說像這類使用到動物毛皮的道具，會比一般物品更容易變成付喪神。

拂塵守

拂子守

所謂拂塵就是種將獸毛等物綁成整束、安上手柄製成的佛具，佛僧經常會在葬禮等場合中使用。傳說某個禪寺就曾經有柄長年使用的拂塵會在入夜以後跳起舞來。其實拂塵的獸毛本來看起來就像頭髮，如果再幫它穿上衣服，看起來倒也還像個人類的模樣。

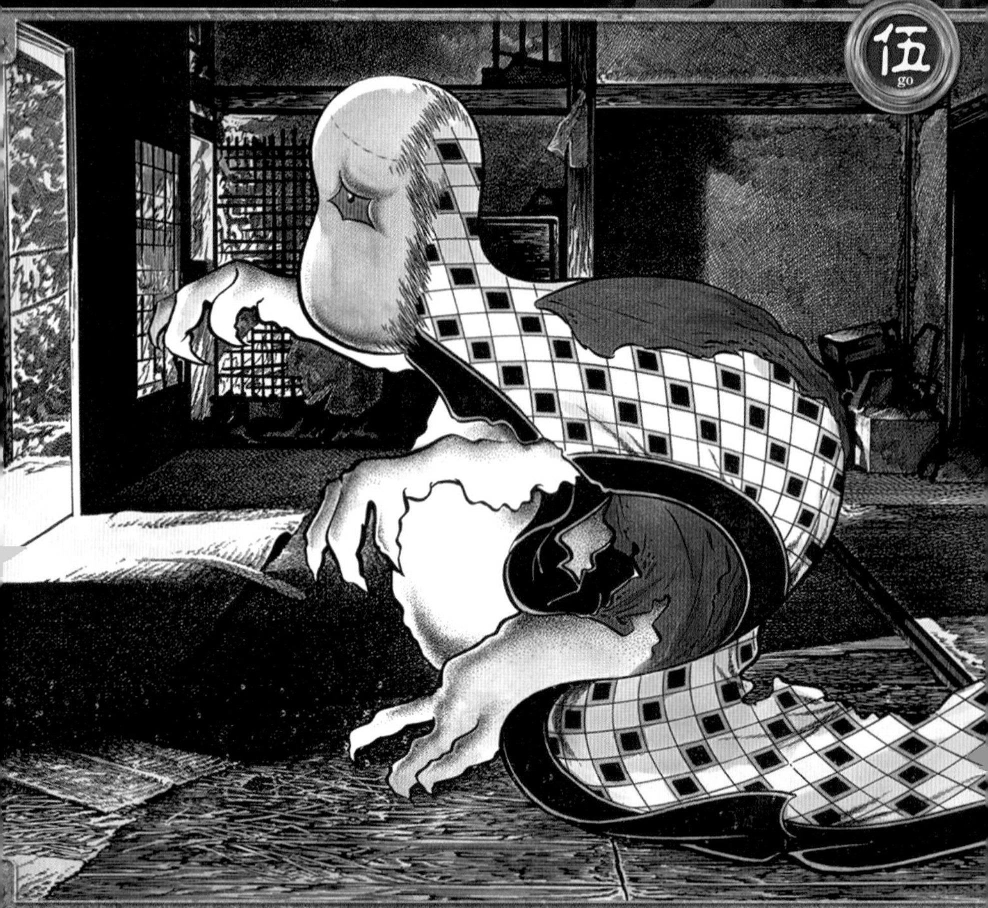

暮露暮露團

暮露暮露団

破破爛爛的棉被頂著一副好像很沒出息的表情四處遊蕩……暮露暮露團乃是人類的意念附在舊衣服破棉被所化成的妖怪。像衣服棉被這種每天用的東西，更容易受到人類的意念甚至靈魂滲透影響。鳥山石燕的《百器徒然袋》亦曾畫到這個妖怪。

面靈氣

面霊気

這是種舊面具變成的妖怪。白天老老實實掛在牆面做個尋常的面具裝飾品，入夜以後就會跳下牆面四處走動了。儘管如此，面靈氣卻也並不會對該戶住民造成危害。此外雖然極為罕見稀少，不過亦有傳說記載面靈氣擺脫面具形體、變成人類的故事。

木魚達摩

木魚達磨

江戶時代的妖怪畫家鳥山石燕曾經說到，所有的佛具都會變化。從某個方面來說，木魚是為使修行僧打起精神、不致瞌睡而製作的道具，而我們知道達摩大師也曾經多次從事長期不眠的修行。兩者合而為一化成的妖怪，對修行僧來說想必是恐怖到不行，這就等同於是付喪神時時在監視自己，叫人「不准睡！」

鎗毛長
鎗毛長

所謂鎗毛長就是種用鳥類羽毛裝飾的長槍，是諸侯隊伍行進時用來開路的道具。此道具化成了妖怪以後，不知為何手中握著的卻是支木槌。姿勢跟金槌坊（313）頗為相似，箇中意味卻可能大不相同。拿鎗毛長來說，高舉木槌如果是要敲擊地面的話，可能就帶有某種清除路上穢厄的涵意。

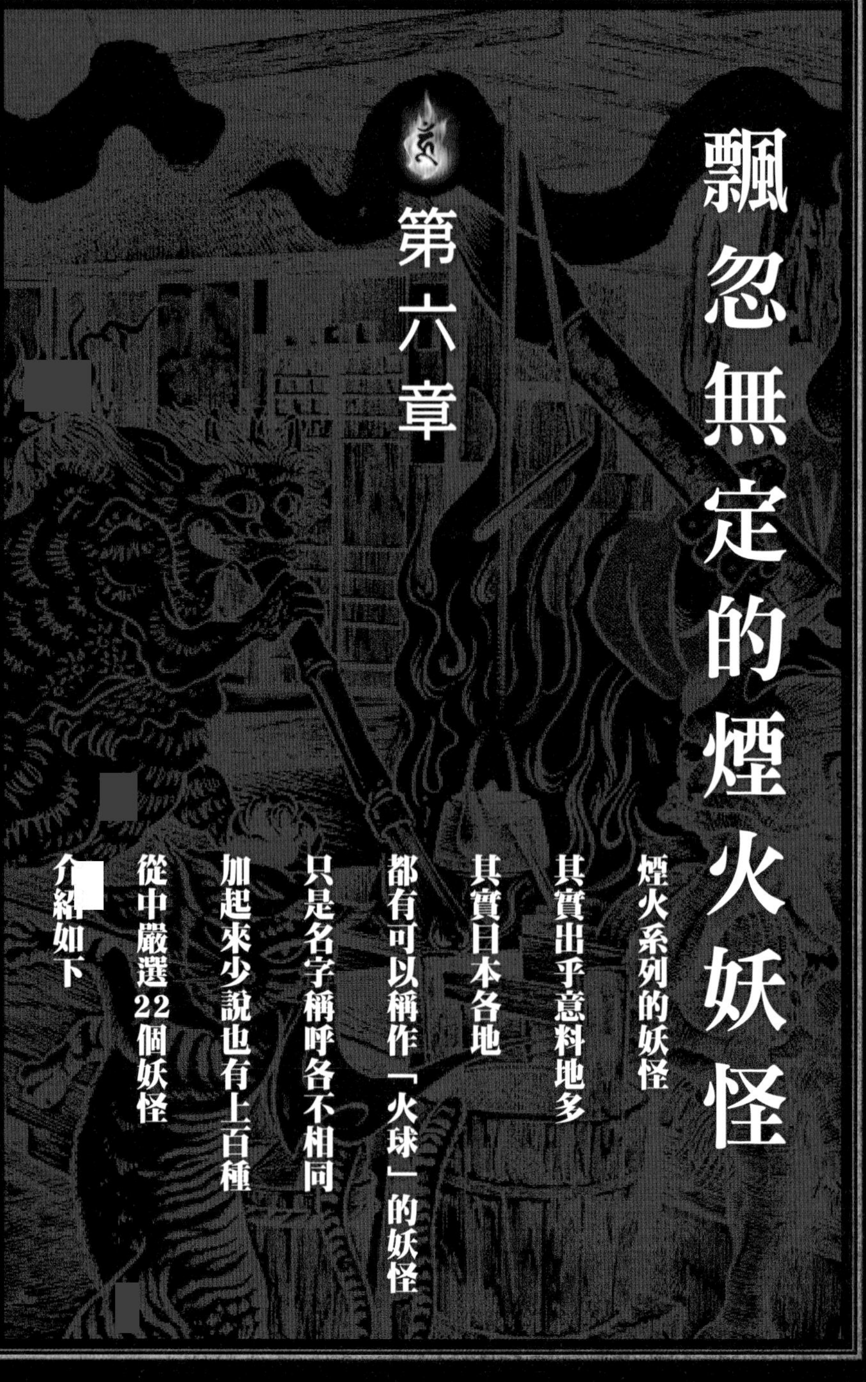

第六章

飄忽無定的煙火妖怪

煙火系列的妖怪
其實出乎意料地多
其實日本各地
都有可以稱作「火球」的妖怪
只是名字稱呼各不相同
加起來少說也有上百種
從中嚴選22個妖怪
介紹如下

陰火
陰火

火的妖怪可以分成「陽火」和「陰火」兩種。陽火熾熱容易引起火災，卻是潑水能夠澆得熄的；相對地陰火則是摸了也不覺得燙，大多是白色或青色，還有個潑水反而會助長火舌的重要特徵。經常伴隨幽靈一起出現的，大概都是屬於陰火，甚至我們還可以大膽斷言雨夜裡出現的全部都屬於陰火一類。

姥姥火

姥姥火

傳說大阪的枚岡神社附近有個直徑約30公分左右的火球出沒，而且只有在下雨的夜晚才會出現。據說這火球乃是人類所化，原本是個幾乎天天晚上到枚岡神社偷油的老婆婆，也不知道是否遭到了神罰，死後亡靈變成了怪火。其實老婆婆變成怪火的故事不僅於此，此類故事有個共通點就是該人生前都曾經犯下某種罪行。

煙羅煙羅

煙羅煙羅

夏夜有蚊，原本只是安靜地冉冉升起的蚊香，偶爾會波動繞成奇怪的形狀。緊盯著那絲裊裊香煙，有時看起來像是人臉，有時候看起來又像動物，令人愈發覺得不可思議。據說不只是蚊香，但凡有火有煙的地方，青煙若是作出了奇形怪狀，都是妖怪煙羅煙羅的傑作。

鬼火
鬼火

遍見於日本全國各地，唯稱呼各有不同。屬於高溫燃燒的「陽火」。

蜘蛛火
蜘蛛火

上百隻蜘蛛聚集成一團火球四處逡巡。一旦被蜘蛛火碰觸燒到，小命難保。

海月火球

海月の火の玉

從前有名武士夜裡外出，路面遇到一個火球搖搖晃晃地飄近身來。武士拔刀朝火球砍將下去，手上卻未傳來任何觸擊感，只見火球仍是一分為二，貼到了武士的臉上。燙倒是不燙，只不過滿臉淨是黏糊糊像松油般的東西。後來聽老人家說，那火球其實是海裡的海月水母。如果說世間生物俱有靈魂，那麼海月水母會變成火球，倒也並不奇怪。

小右衛門火

小右衛門火

這是種成團的「陰火」。從前有個名叫小右衛門的男子持木杖擊打這個怪火，結果反遭咒殺，故得此名。

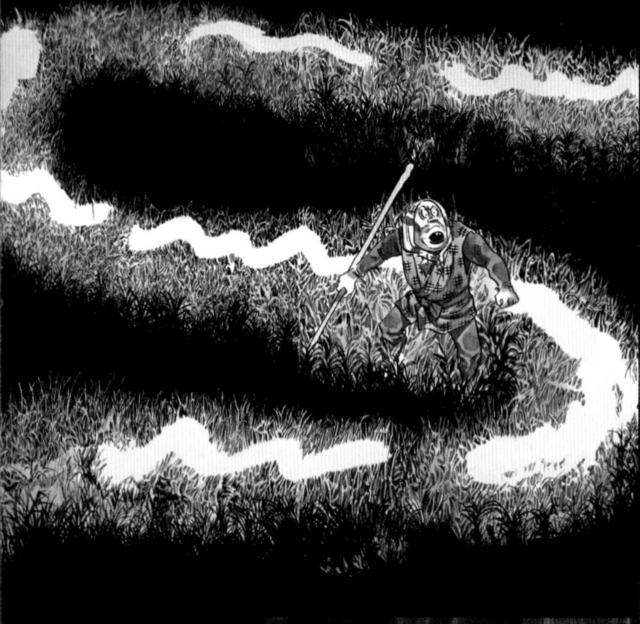

古籠火

古籠火

這是種附身於老舊燈籠的妖火。古籠火有時候會讓人莫名感覺似乎有人在一旁，有時候則是會自顧自在燈籠裡點起微微的燈火。

不知火
不知火

此現象出現在九州地區西方海面，有數百甚至數千的火花延延連綿搖曳於海面，時或長達20公里以上。用盡各種方法，從來沒人能夠接近不知火。

逐浪火
たくろう火

這是種乘坐往來於瀨戶內海的小船便可以看得很清楚的怪火，據說是兩名死於非命的女性亡靈所化。

中狐 チュウコ

一種低空飄浮的怪火，亦寫作「宙狐」。被這個火碰到的人，身體就會出問題。

釣瓶火 釣瓶火

磷光閃爍靜靜燃燒的陰火。除此以外另有紅色的釣瓶火，看起來釣瓶火當中也有諸多種類。

陸
mu

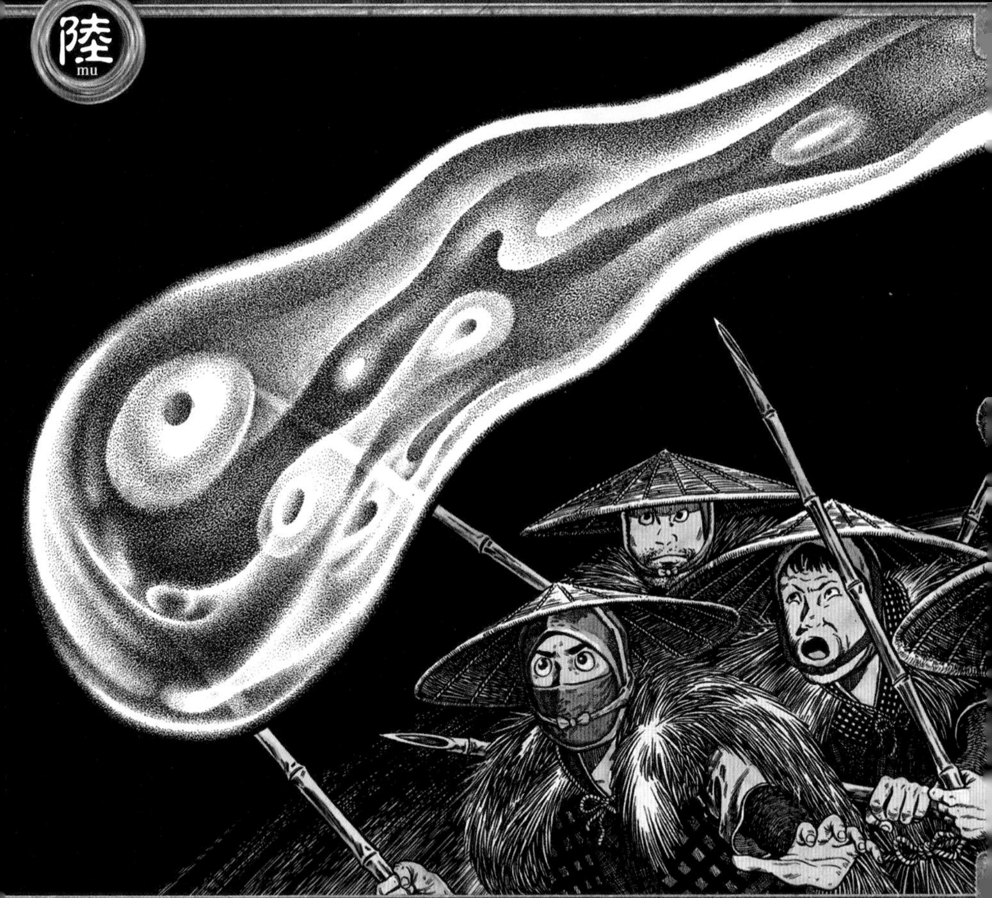

天火
天火

從前佐賀縣和長崎縣曾經發生火球從天而降的事件。這種怪火叫作天火，會在掉落到地面以後四處逃竄。一旦遭遇到天火，就必須唱誦佛經將其驅趕到郊外方可，否則天火掉到住家很快就會把一切燒成灰燼。

陸 mu

二恨坊之火
二恨坊の火

傳說從前在攝津的二階堂村（現在的大阪府茨木市）一帶，每年3月到7月間會有種奇妙的火光出沒。這怪火約莫30公分大小，不時會停留在屋頂或是樹枝上。趨前去看，看起來竟然像個人臉。據說此怪火乃是一名遭人冤枉、蒙罪被殺的山伏日光坊的怨念所化。本該叫作日光坊之火的，後來不知何時不知為何卻被稱作了二恨坊之火。

野火

野火

起初只有雨傘大小，時時刻刻都可能會迸發開來、有如流星般飛散，是高知縣一種看起來相當浪漫的怪火。

妖火

化け火

這是種時則變成人類的形狀、時則變成相撲姿勢，能夠自由變換形狀的怪火。無論力氣再怎麼大的人，撲向這團怪火都會被摔飛出去。

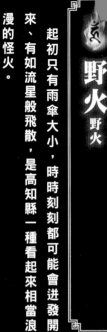

火取魔

火取魔

火取魔是石川縣加賀市流傳已久的妖怪。加賀市的蟋蟀橋附近有個叫作「阿婆的懷抱」的地方，據說提著燈籠走在這裡，有時候會體驗到燈火在一瞬間像是被吸走般的變弱變暗，繼續走下去燈火卻又恢復如初。這便是火取魔這個妖怪幹的好事。

飄火 ふらり火

這是種火焰與鳥綴連一體的罕見異象。據說火焰是主人，鳥則是火的臣子。

喂喂火 ほいほい火

這是個出沒在奈良縣天理市的妖怪。朝著山裡「喂喂」喊叫，這妖怪就會伴隨著「鏘鏘」的聲音出現。

迷火
迷い火

火焰當中有面孔浮現，而且還不是只有一個，而是一次浮現三到四張臉孔。迷火會隨機突然出現在路面來嚇人，可是火焰並不會延燒，該要注意的反而是千萬不可遭到迷火所帶毒氣侵襲。這是古人曾經在今日的山口縣岩國市一帶目擊到的可怕怪火。

蓑火
蓑火

一種有如螢火蟲般爬附於蓑衣的火光。如果慌了手腳、伸手去撥，蓑火會啪地散落然後不斷增生。相傳是溺死者的怨靈所化。

龍燈
龍灯

飄浮在海面上的怪火。傳說龍燈是龍神點的燈火，會像煙火般升到距離海面約3公尺高的地方，看起來就像是一盞盞的燈籠。

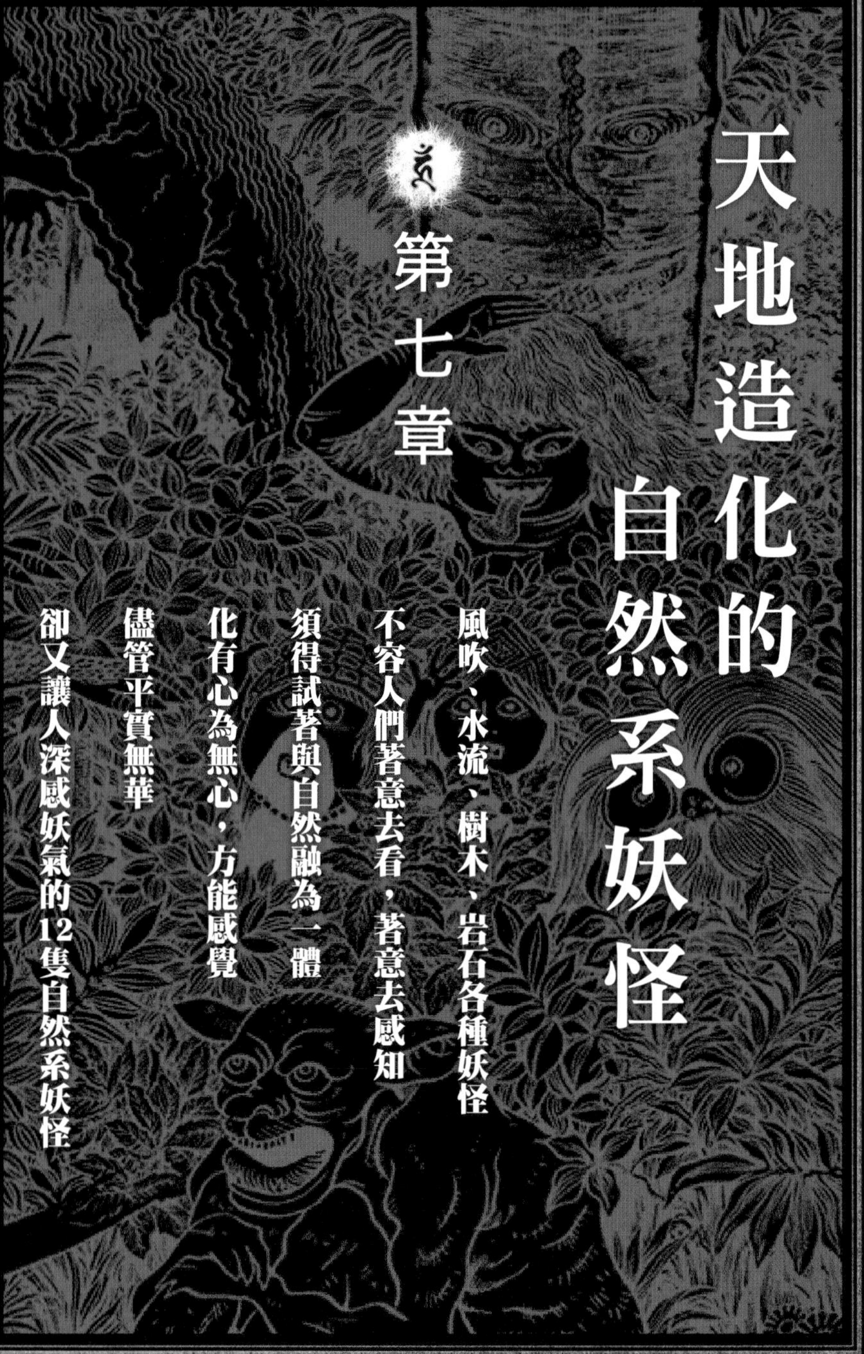

第七章

天地造化的自然系妖怪

風吹、水流、樹木、岩石各種妖怪
不容人們著意去看，著意去感知
須得試著與自然融為一體
化有心為無心，方能感覺
儘管平實無華
卻又讓人深感妖氣的12隻自然系妖怪

池塘之魔
池の魔

從前在三重縣志摩附近有個村子，那裡有個光是站在池邊就會莫名地想要投水的池塘，而且也確實發生過不少完全沒有自殺動機的人投水溺死的事件。當地人都說走在池邊就會不知不覺被吸進池中，稱之為「被池塘之魔附身」，畏之極甚。

背背石 オッパショ石

德島縣的西二軒屋町有塊不可思議的石頭。據說這塊石頭本是某個力士的墓石，不過墓石竟然在刻成的兩到三個月後開始說話，聽起來像是在說「背背、背背」，意思就是叫人要背它。有個力氣大的人想說：「既然石頭都說話了，那就我來背吧！」剛背起來那會兒倒還覺得輕，可石頭卻是愈來愈重、終於再也背不住了。那人把石頭丟下，石頭頓時裂成兩塊，從此就再也不會說話了。

喀嗤喀嗤岩

こそこそ岩

從前岡山縣有個寬1.5公尺的岩石叫作喀嗤喀嗤岩。相傳夜晚路過此地，就會聽見有「喀嗤喀嗤」的聲音傳來。

出乎意料的是，像這種會發出聲響的岩石其實全國皆有。奈良縣有個會發出「磕篤磕篤」聲音的「磕篤磕篤地藏」，新潟縣更有個叫作「物岩」的巨岩據說能夠清楚地說話，還曾經因此救了一人性命。

木靈

木霊

樹木的靈魂。不過當然並非所有樹木皆然，而是唯有特定極少數的樹木才會有木靈依宿。這種樹木外觀與尋常樹木並無二致，然若是將其砍倒或者使其枯死，不光只是當事人，就連周遭人都要跟著遭殃。據說八丈島深山裡就有一株木靈寄宿的樹木，其樹齡之長久已經遠遠超過常人想像。

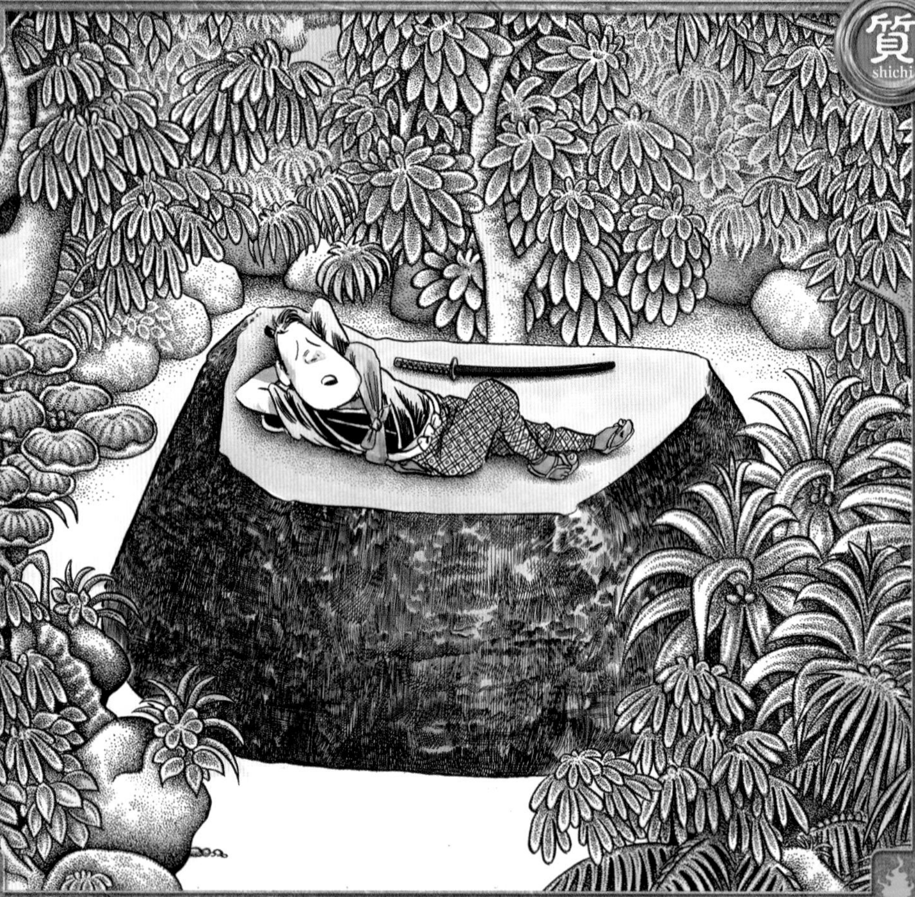

囀語石
囀り石

群馬縣吾妻郡中之条町的某個農田裡面，有塊約莫４公尺大小的三角形岩石叫作囀語石。

相傳從前曾經有個男子為報殺父之仇來到這一帶，晚上便選在囀語石此處野宿。男子睡到半夜，被別人說話的聲音給吵醒。他豎耳細聽，那聲音竟是從岩石裡面傳來，甚至內容講的還是自己正在追尋的殺父仇人。後來證實石頭所說的均屬事實，而男子隔日也順利殺了敵人報了父仇。

樹木子

樹木子

樹木子是種大量吸取人類鮮血、從而化為妖怪的樹木。它是以鮮血作為養分滋養茁壯、時時刻刻渴求鮮血，所以只要有人經過樹下，樹木子就會伸出樹枝如同手臂般攫取活人、將血液吸乾，根本就是株吸血樹。旬信樹木子經常出現在從前曾是古戰場的地方。

精靈風

精霊風

所謂精靈風便是指長崎縣的五島地區，每年在盂蘭盆節的16日早上會颳起的一陣魔風，被這陣風吹到就會生病甚至病倒，所以據說人們會避免在當天去掃墓、盡量不要外出。旬信這精靈風應是無人祭祀的無緣佛和其他遊魂化成風動在四處為禍。

人面樹

人面樹

這種樹長在深山谷底，花朵形狀酷似人臉，雖不說話卻經常地笑。那笑容還不單純只是笑咪咪，而是帶點陰笑的感覺。那花如果笑得太多，就會花謝落地。這棵樹的果實叫作「人面子」，每年秋天結果成熟，吃起來酸酸甜甜，可是果實種籽兩面都像是長了眼睛口鼻、看起來十分詭異，所以很少人會吃。

柿精 タンコロリン

據說把柿子樹只是放著、不去採柿子，柿子樹就會變成一種叫作柿精的妖怪四處遊蕩。從前宮城縣仙台（現在的仙台市宮城野區）有戶家裡有5～6株柿子樹的人家，家裡住的全是老人，只能放任柿子生長不去採摘。某天竟然有個陌生的入道（光頭的怪物）出現，左來右往把樹上的柿子都給打落地面，然後就跑進了那戶人家裡面去。後來那入道又在眾目睽睽之下，鑽進樹木裡面消失不見了。

妖怪樹

ナンジャモンジャ

一般來說妖怪樹此語乃是「流蘇樹」的別名，不過有時候人們不知道這是什麼樹的時候，也會以妖怪樹稱呼之。也是因為這個緣故，我們對這個妖怪所知甚少。相傳流經關東地區的利根川曾經有個佛寺的吊鐘沉入河底，從此船隻航行經過便每有怪事發生，尤其只要駛過吊鐘正上方的船隻必定會翻覆。據說當初吊鐘下沉時鐘聲不絕於耳，而且妖怪樹亦曾悲歌唱合。

遣來水
遣ろうか水

大雨連日的時候，從河川上游頻頻傳來「給你吧，給你吧」的聲音。聽著覺得很是恐怖、沒人敢回答，豈料其中有一人竟回答道：「你要給就給吧！」只見水位飛漲，轉眼間四周已經變成汪洋一片。這個棘手的大水便即所謂的遣來水。此事的發生地，便是流經愛知縣與歧阜縣兩縣的木曾川。

妖怪萬年竹

妖怪万年竹

妖怪萬年竹會讓走進竹林的人迷失方向。倘若僅是如此倒也無妨，據說此妖怪還會伸出竹枝吸取人類的精氣，是個非常危險的妖怪，然其外觀卻與尋常竹子無異，所以更加棘手。人們都說地震的時候可以躲進竹林逃生，但如果竹林裡有妖怪萬年竹就糟糕了。不過若能把竹枝（妖怪的手）折斷，那妖怪萬年竹就萬萬不能了。

index 索引 さくいん

國家圖書館出版品預行編目資料

妖怪大圖鑑 / 水木茂著、王書銘譯；一初版一台北市：奇幻基地，城邦文化發行；家庭傳媒城邦分公司發行 2022.5（民 111.5）
面：公分．-（聖典系列：52）
譯自：妖怪ビジュアル大図鑑
ISBN 978-626-7094-34-1(精裝)
1.CST: 妖怪 2.CST: 日本

298.6　　111003190

聖典系列 052

妖怪大圖鑑

原著書名／妖怪ビジュアル大図鑑
作　　者／水木茂
譯　　者／王書銘
責任編輯／張世國
發 行 人／何飛鵬
總 編 輯／王雪莉
業務經理／李振東
行銷企劃／陳姿億
資深版權專員／許儀盈
版權行政暨數位業務專員／陳玉鈴
法律顧問／元禾法律事務所　王子文律師

出版／奇幻基地出版
台北市 104 民生東路二段 141 號 8 樓
電話：(02)2500-7008
傳真：(02)2502-7676
網址：www.ffoundation.com.tw
email：ffoundation@cite.com.tw

發行／英屬蓋曼群島商
家庭傳媒股份有限公司城邦分公司
台北市民生東路二段 141 號 11 樓
書虫客服服務專線
02-25007718・02-25007719
24 小時傳真服務
02-25170999・02-25001991
服務時間
週一至週五 09:30-12:00・13:30-17:00
郵撥帳號：19863813
戶名：書虫股份有限公司
讀者服務信箱 E-mail
service@readingclub.com.tw
歡迎光臨城邦讀書花園
網址：www.cite.com.tw

城邦讀書花園
www.cite.com.tw

香港發行所／城邦（香港）出版集團有限公司
香港灣仔駱克道 193 號 1
東超商業中心 1 樓
電話：(852)25086231
傳真：(852)25789337

馬新發行所／城邦（馬新）出版集團
【Cite(M)Sdn. Bhd.(458372U)】
11, Jalan 30D/146, Desa Tasik,
Sungai Besi, 57000 Kuala Lumpur,Malaysia.
電話：603-9056-3833
傳真：603-9056-2833

封面版型排版／ Snow Vega
內頁版型排版／ UA、Snow Vega
印　刷／高典印刷有限公司
■ 2022 年（民 111）5 月 10 日初版一刷
■ 2024 年（民 113）4 月 12 日初版 6.5 刷
Printed in Taiwan.

售　價／750 元

ISBN 978-626-7094-34-1(精裝)

書號：**1HR052C**　　書名：妖怪大圖鑑（精裝）

請於此處用膠水黏貼

奇幻基地

讀者回函卡

謝謝您購買我們出版的書籍！請費心填寫此回函卡，我們將不定期寄上城邦集團最新的出版訊息。

姓名：________________________ 性別：□男 □女

生日：西元__________年__________月__________日

地址：____

聯絡電話：________________傳真：________________

E-mail ：____

學歷：□1.小學 □2.國中 □3.高中 □4.大專 □5.研究所以上

職業：□1.學生 □2.軍公教 □3.服務 □4.金融 □5.製造 □6.資訊

□7.傳播 □8.自由業 □9.農漁牧 □10.家管 □11.退休

□12.其他________________________________

您從何種方式得知本書消息？

□1.書店 □2.網路 □3.報紙 □4.雜誌 □5.廣播 □6.電視

□7.親友推薦 □8.其他________________________

您通常以何種方式購書？

□1.書店 □2.網路 □3.傳真訂購 □4.郵局劃撥 □5.其他

您購買本書的原因是（單選）

□1.封面吸引人 □2.內容豐富 □3.價格合理

您喜歡以下哪一種類型的書籍？（可複選）

□1.科幻 □2.魔法奇幻 □3.恐怖 □4.偵探推理

□5.實用類型工具書籍

對我們的建議：____

____

____

請於此處用膠水黏貼

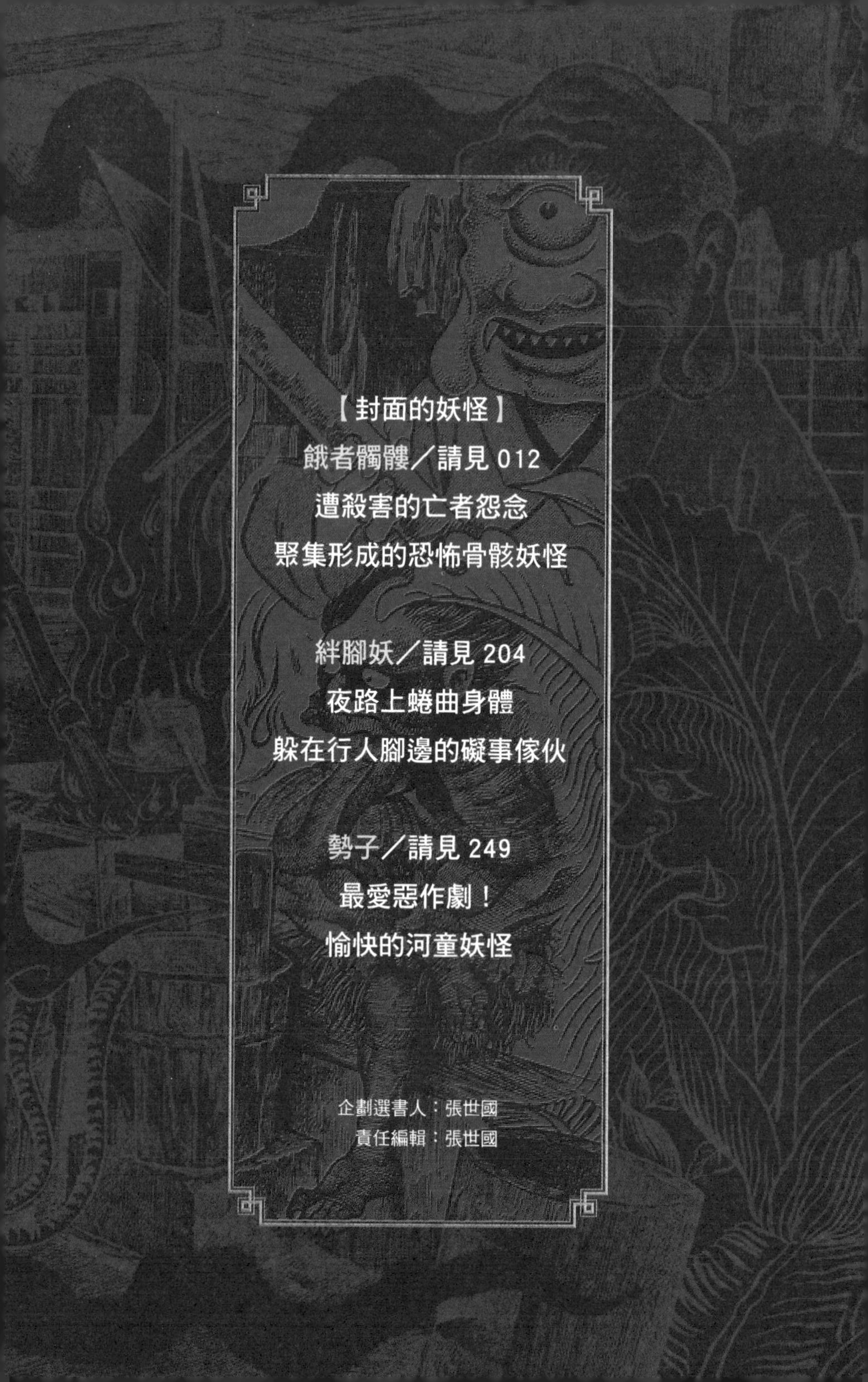

【封面的妖怪】

餓者髑髏／請見 012

遭殺害的亡者怨念

聚集形成的恐怖骨骸妖怪

絆腳妖／請見 204

夜路上蜷曲身體

躲在行人腳邊的礙事傢伙

勢子／請見 249

最愛惡作劇！

愉快的河童妖怪

企劃選書人：張世國

責任編輯：張世國